LA CUISINE DES COPAINS

de Laurence et Gilles Laurendon

illustré par
Lionel Koechlin

S O M M

LES ENTRÉES

LES PLATS

A I R E

LES DESSERTS

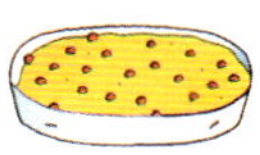

LES GOÛTERS DE FÊTE

LES MENUS D'AILLEURS

Cuisiner comme un chef !

Les règles d'or

- Bien **lire** la recette en entier.
- Faire attention au **temps** nécessaire pour tout faire.
- Bien **nettoyer** la table de travail.
- **Préparer** tout ce dont tu as besoin : le **matériel** et les **ingrédients**.
- Bien tout **mesurer**.
- Avoir toujours les mains **propres**.
- Protéger ses vêtements avec un **tablier**.
- Toujours découper sur une **planche**.
- **Nettoyer** au fur et à mesure.
- **Jeter** les épluchures.
- Tout **ranger** après.

Les mesures

Si tu n'as pas de verre doseur, tu peux utiliser d'autres instruments de mesure :

- 1 cuillère à soupe pleine = 15 g de sucre ou de farine
- 1 cuillère à café = 5 g de sucre ou de farine
- 1 tasse à café = 10 cl de liquide
- 1 verre à moutarde = 20 cl de liquide

Attention, danger !

- En cuisinant, on peut se **couper** avec les couteaux, se **brûler** avec les plats chauds, le four, les plaques de cuisson.
- Ne mets jamais les manches des casseroles vers l'extérieur : tu éviteras ainsi de les renverser et de te brûler.
- Ne touche jamais un appareil électrique avec les mains humides.
- Ne sors jamais un plat du four tout seul et sans gants de protection.
- Ne verse jamais du liquide froid dans un plat bouillant.
- Ne mets jamais de l'eau sur de l'huile chaude.

- Un adulte doit toujours être présent dans la cuisine et surveiller tes gestes. Dès que tu verras ce petit dessin dans la recette, demande son aide.

Enfourner sans se brûler

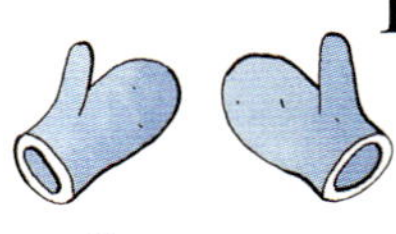

Pour déposer un plat dans un four chaud, mets toujours des gants de protection. Mais le plus prudent, c'est de demander à un adulte de t'aider.

Le matériel

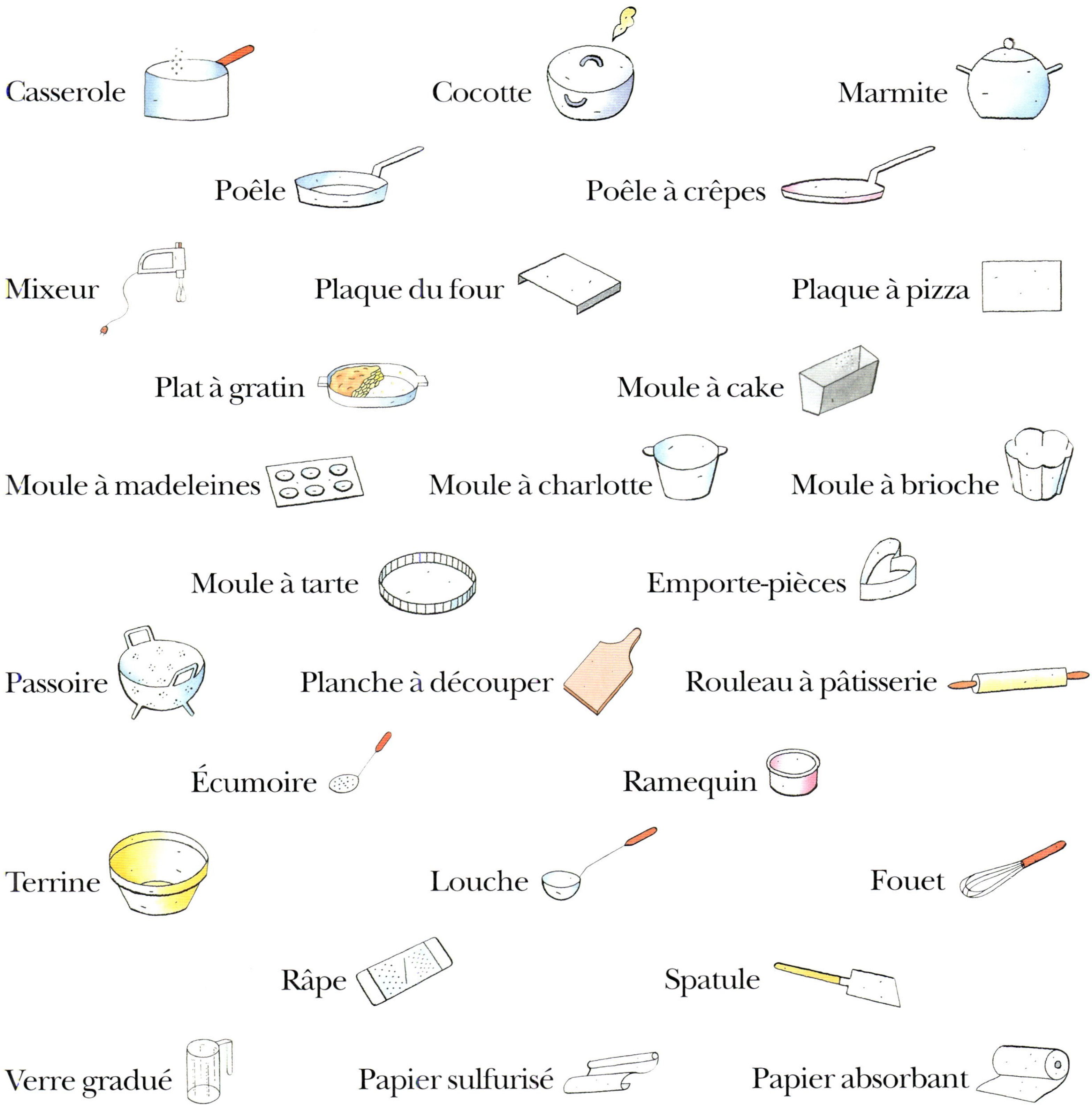

Casserole
Cocotte
Marmite
Poêle
Poêle à crêpes
Mixeur
Plaque du four
Plaque à pizza
Plat à gratin
Moule à cake
Moule à madeleines
Moule à charlotte
Moule à brioche
Moule à tarte
Emporte-pièces
Passoire
Planche à découper
Rouleau à pâtisserie
Écumoire
Ramequin
Terrine
Louche
Fouet
Râpe
Spatule
Verre gradué
Papier sulfurisé
Papier absorbant

Les secrets des chefs

Séparer les blancs des jaunes

Dispose deux bols côte à côte. Casse la coquille de l'œuf vers le milieu en le tapant d'un coup sec contre le bol. Ouvre l'œuf en deux avec tes pouces et fais passer le jaune d'une coquille à l'autre, de sorte que le blanc tombe dans un bol. Mets le jaune dans l'autre bol.

Monter les blancs en neige

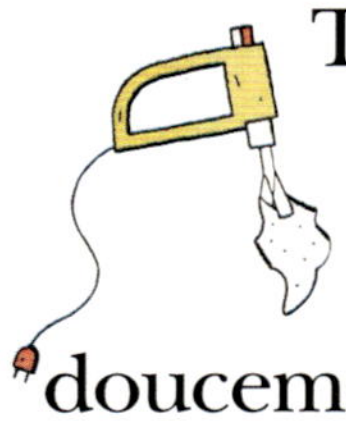

Tu peux utiliser un fouet à main ou le fouet de ton batteur électrique. Il faut fouetter les blancs d'œufs d'abord doucement, puis très vite, jusqu'à ce qu'ils durcissent.

Incorporer les blancs en neige

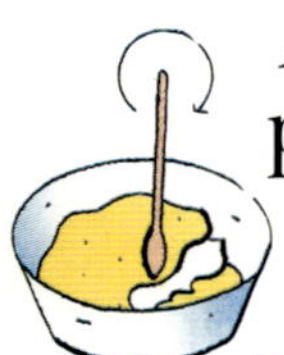

À l'aide d'une spatule, incorpore peu à peu 1/3 des blancs en faisant pénétrer le plus d'air possible et en raclant le fond du plat. Mélange bien avec une cuillère en bois. Puis incorpore le reste des blancs en soulevant délicatement le mélange.

Préparer un moule

Étale un peu de beurre ramolli sur les parois intérieures du plat ou du moule. Ajoute un peu de farine et répartis-la sur les bords en secouant le moule. Puis renverse-le sur une table et tapote le fond et les parois. L'excédent de farine va tomber tout seul.

Étaler une pâte

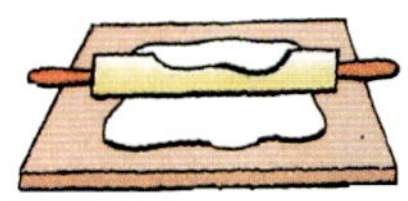

Farine légèrement ton plan de travail, puis aplatis bien la boule de pâte avec la paume de la main. Étale-la ensuite avec le rouleau à pâtisserie.

Savoir si un gâteau est cuit

Enfonce la lame d'un couteau dans ton gâteau. Si la lame ressort sèche, ton gâteau est parfaitement cuit.

Démouler un gâteau

Pour bien démouler ton gâteau, glisse la lame d'un couteau tout autour du moule sans abîmer le gâteau. Pose ensuite une assiette plate sur le gâteau et retourne le moule.

Couper un oignon sans pleurer

Il suffit de faire couler l'eau du robinet et d'éplucher les oignons sous l'eau !

La cuisson

Au bain-marie

La cuisson au bain-marie permet de cuire en douceur les flans, les crèmes, certaines sauces et de nombreuses recettes à base d'œufs. Elle permet aussi de faire fondre le chocolat sans qu'il brûle

En cocotte

C'est une cuisson lente qui se fait à feu doux dans une cocotte avec son couvercle. Tu peux aussi cuire à l'étouffée des volailles, de gros poissons en les enfermant dans une croûte de sel ou de pâte à pain. On l'appelle alors cuisson en croûte.

Au four

La cuisson au four permet de rôtir des viandes, du poisson, de faire des gratins, et surtout de préparer des pâtisseries. En principe, il faut toujours préchauffer le four 10 à 15 minutes avant de lancer la cuisson.

Au four à micro-ondes

Le four à micro-ondes est idéal pour décongeler un produit. Il est aussi parfait pour faire fondre du chocolat sans bain-marie, ramollir du beurre ou réchauffer un plat sans ajouter de graisse. Ce four à cuisson ultra-rapide permet aussi de cuire certains plats mais, dans ce cas, il vaut mieux que les ingrédients (viande, poisson) soient coupés en morceaux. Pour les plats mijotés, les rôtisseries et les pâtisseries, il est recommandé d'utiliser un four traditionnel.

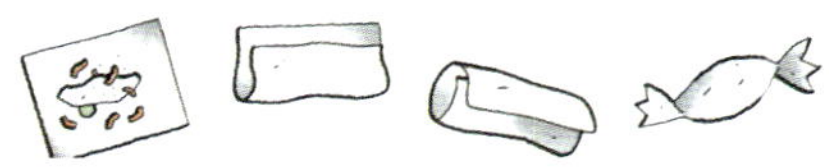

En papillote

La cuisson en papillote utilise peu ou pas de matière grasse. Elle est donc excellente pour la santé. Chaque portion est enveloppée avec ses aromates dans du papier sulfurisé bien fermé. On les pose dans un grand plat et on enfourne. Poissons, volailles, légumes et fruits gardent ainsi toutes leurs saveurs.

À la poêle

La cuisson à la poêle est une cuisson généralement à feu vif, surtout utilisée pour saisir les morceaux de poisson et de viande. Elle se fait souvent avec un peu de beurre ou d'huile.

LES ENTRÉES

La crème de potiron est une soupe d'hiver **très onctueuse** car elle contient de la crème fraîche.

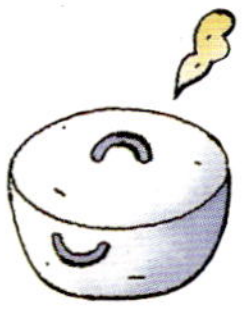

Temps de préparation

30 minutes

Temps de cuisson

35 minutes

Ustensiles

1 casserole
1 grande cocotte
1 mixeur

Pour 4 à 6 personnes, il te faut :

500 g de potiron
1 oignon haché
1 bol de bouillon de légumes
20 cl de crème fraîche
2 cuillères à café de curry doux en poudre
huile

sel, poivre

LE CONSEIL DU CHEF

Pour servir ta crème, tu peux creuser un potiron entier et le transformer ainsi en soupière géante.

Crème de potiron

1. **Rince** le morceau de potiron, épluche-le. **Enlève** les pépins puis **découpe** la chair en gros dés et mets-les de côté.

2. Fais **chauffer** une cuillère à soupe d'huile dans une cocotte.

3. **Ajoute** l'oignon haché.

4. Dès que l'oignon devient transparent, **verse** les dés de potiron. **Remue** de temps en temps avec une cuillère.

5. **Réchauffe** doucement le bouillon de légumes dans une grande casserole et verse-le dans la cocotte avec le potiron et les oignons. Saupoudre de curry doux.

6. Couvre la cocotte et **fais cuire à feu doux** pendant environ 30 minutes.

7. **Mixe** le contenu de la cocotte, **ajoute** la crème fraîche. Goûte et, s'il le faut, sale et poivre à nouveau.

8. **Verse** ensuite ton potage dans une soupière et sers-le immédiatement.

Idée gourmande

De la même manière, tu peux aussi réaliser de délicieuses crèmes de petits pois, de navets ou de carottes !

Ce potage de carottes est un subtil mélange de douceur et de fraîcheur, grâce au miel et au gingembre.

Temps de préparation
20 minutes

Temps de cuisson
35 minutes

Ustensiles
1 cocotte
1 grande casserole
1 mixeur

Pour 6 personnes, il te faut :
1 kg de carottes
1 oignon haché
1/2 cuillère à café de gingembre râpé
1 l de bouillon de légumes
2 cuillères à soupe de miel
quelques feuilles de coriandre
huile
sel, poivre

Potage de carottes au miel

1. Épluche les carottes et rince-les. Découpe-les en **rondelles**.

2. Fais **chauffer** une cuillère à soupe d'huile dans une cocotte et mets le gingembre râpé et l'oignon haché. Laisse-les dorer quelques minutes.

3. **Verse** ensuite les carottes en rondelles. Remue de temps en temps avec la cuillère pour que les carottes s'imprègnent bien des parfums.

4. **Réchauffe** doucement le bouillon de légumes dans une grande casserole puis verse-le dans la cocotte.

5. **Sale** et **poivre** légèrement, puis ajoute le miel et remue avec une cuillère.

6. **Couvre** la cocotte et laisse cuire à feu doux pendant environ 35 minutes.

7. **Mixe** le contenu de la cocotte. Goûte et, s'il le faut, sale et poivre à nouveau.

8. **Décore** de quelques feuilles de coriandre.

LE CONSEIL DU CHEF

Pour râper le gingembre, ôte d'abord la peau avec un épluche-légumes, puis utilise une râpe à trous fins. Attention, il faut râper le gingembre au dernier moment pour qu'il garde son parfum !

Idée gourmande

Le gingembre donne à ta recette du piquant et un petit goût exotique. Si tu n'en as pas, mets un peu plus de poivre ou une pointe de piment.

Tu peux composer **toutes sortes de salades** avec les légumes dont tu disposes.

Salade de pommes de terre

Temps de préparation
30 minutes

Temps de cuisson
30 minutes

Ustensiles
1 grande casserole
1 passoire
1 saladier

Pour 4 personnes, il te faut :

1 kg de pommes de terre (belles de Fontenay ou charlottes)
1 brin de thym
1 feuille de laurier

2 cuillères à soupe de persil haché
1 cuillère à café de moutarde
2 cuillères à café de vinaigre de vin
2 cuillères à soupe d'huile

sel, poivre, gros sel

1. **Lave** soigneusement les pommes de terre à l'eau froide puis dépose-les dans une grande casserole avec le thym et le laurier et couvre-les d'eau froide. Ajoute 1/2 cuillère à café de gros sel et laisse-les cuire **à petits bouillons** environ 30 minutes. Vérifie la cuisson en piquant une pomme de terre avec la lame d'un couteau. Elle doit entrer facilement dans la pomme de terre.

2. **Égoutte** les pommes de terre, attends quelques minutes, pour qu'elles refroidissent puis épluche-les avec un couteau.

3. Prépare la **vinaigrette** : mélange la moutarde et le vinaigre dans un bol puis verse l'huile tout en remuant vivement.

4. **Découpe** les pommes de terre en grosses tranches et mets-les dans le saladier.

5. Arrose-les de sauce vinaigrette. **Ajoute** le persil haché, poivre et mélange bien ta salade. **Goûte** et ajoute un peu de sel fin si besoin.

6. Sers immédiatement ta salade de pommes de terre. Elle est délicieuse **tiède** !

LE CONSEIL DU CHEF

Tu peux ajouter de l'oignon haché à ta salade si tu aimes ça.

Salades

Salade grecque

Temps de préparation
20 minutes

Pas de cuisson

Ustensiles
1 saladier
1 bol

Pour 4 personnes, il te faut :
6 tomates
1 concombre
1 oignon blanc
200 g de feta
une quinzaine d'olives noires
1 cuillère à soupe de basilic haché
1 cuillère à soupe de vinaigre de vin
3 cuillères à soupe d'huile d'olive
sel, poivre

1. **Lave** soigneusement les tomates à l'eau froide, enlève les queues et essuie-les.

2. **Coupe-les** d'abord en quatre puis en gros dés.

3. **Épluche** le concombre. Découpe-le en grosses rondelles. Coupe-les en quatre.

4. **Découpe** la feta en petits dés et l'oignon en rondelles.

5. Prépare la **vinaigrette** dans un bol : verse le vinaigre et un peu de sel, puis ajoute l'huile d'olive tout en remuant vivement avec une fourchette.

6. **Dispose** les tomates, le concombre et l'oignon dans le saladier. **Ajoute** les olives et les dés de feta.

7. Arrose-les de sauce vinaigrette. Ajoute le basilic haché, poivre légèrement et **mélange bien**.

Idée gourmande

Tu peux remplacer la feta par de la mozzarelle mais, dans ce cas, ne mets pas d'oignon.

LE CONSEIL DU CHEF

Ajoute le basilic à la dernière minute.

Les légumes secs sont délicieux en salade.

Il sont faciles à cuire, mais si on est pressé, on peut les acheter cuits sous vide.

Temps de préparation
20 minutes

Temps de cuisson
30 minutes

Ustensiles
1 grande casserole
1 passoire
1 saladier

Pour 4 personnes, il te faut :

250 g de lentilles vertes
1 oignon
1 gousse d'ail
1 petite carotte
1 brin de thym
1 feuille de laurier
1 clou de girofle
2 cuillères à soupe de ciboulette
1/2 cube de bouillon de légumes
sel, poivre
1 cuillère à café de moutarde
2 cuillères à café de vinaigre
2 cuillères à soupe d'huile

Salade de lentilles

1. **Épluche** l'oignon, la gousse d'ail et la carotte.

2. **Pique** le clou de girofle dans l'oignon.

3. **Verse** les lentilles dans la grande casserole avec trois fois leur volume d'eau froide. Ajoute l'oignon, la carotte, la gousse d'ail, le thym et le laurier et le bouillon de légumes.

4. Fais-les **cuire à feu doux** pendant environ 30 minutes. Sale légèrement juste avant la fin de la cuisson. Goûte les lentilles : elles doivent être un peu croquantes.

5. **Égoutte** les lentilles et enlève les légumes et les aromates. Conserve un peu de bouillon de cuisson.

6. Prépare la **vinaigrette** : mélange la moutarde et le vinaigre dans un bol, puis verse une cuillère à soupe de bouillon de cuisson et l'huile tout en remuant vivement.

7. **Dispose** les lentilles dans un saladier et arrose-les de sauce vinaigrette. **Ajoute** la ciboulette hachée, poivre et mélange bien ta salade. Goûte l'assaisonnement et ajoute éventuellement un peu de sel.

8. Sers la salade de lentilles **tiède**. Elle est encore meilleure !

LE CONSEIL DU CHEF

Surtout ne sale pas les lentilles en début de cuisson car elles deviendraient pâteuses et perdraient leur délicieux croquant.

Idée gourmande

De la même façon, tu peux préparer des salades avec des haricots secs ou des pois chiches, mais il faut les faire tremper 12 heures avant.

Temps de préparation
10 minutes
+ 30 minutes
au frais
Sors les œufs
30 minutes
à l'avance.

Temps de cuisson
9 minutes

Ustensiles
1 saladier
1 casserole

Pour 4 personnes, il te faut :
4 œufs
30 g de noix
hachées
120 g de
roquefort
3 cuillères à soupe
de crème fraîche
8 cerneaux
de noix pour
décorer
sel,
poivre

La cuisson des œufs, c'est facile : 3 minutes dans l'eau bouillante pour les œufs à la coque, 6 minutes pour les œufs mollets, 9 minutes pour les œufs durs !

Œufs farcis

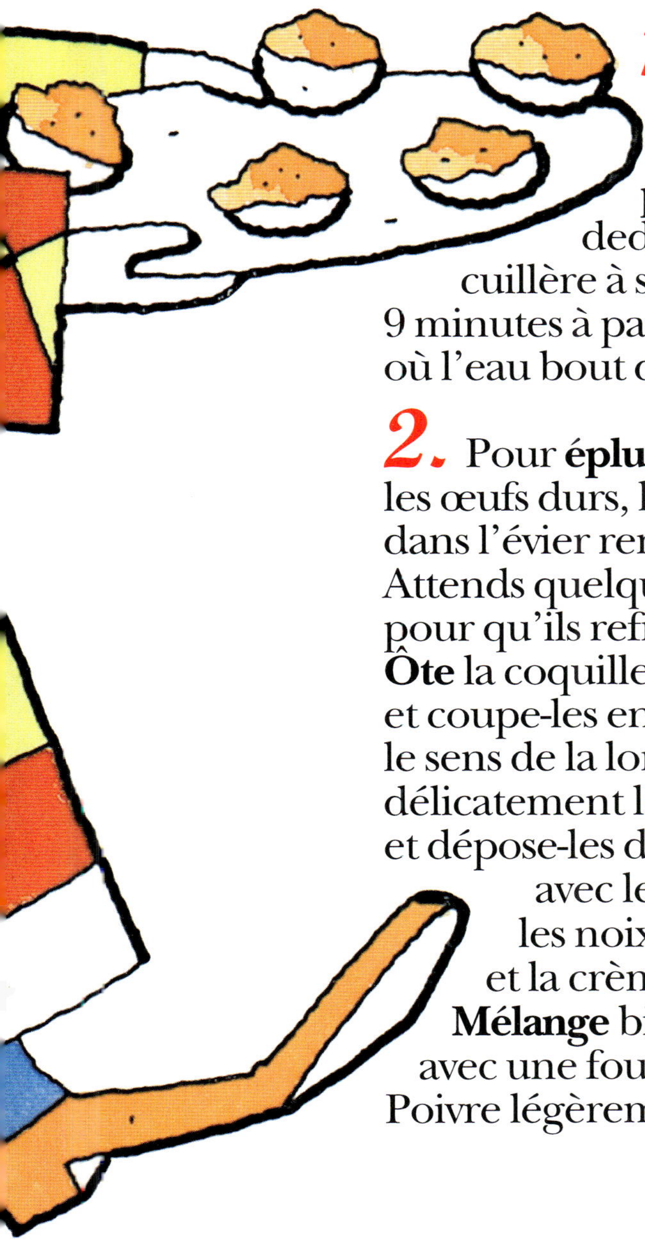

1. Fais **bouillir** une casserole d'eau salée ; **plonge** les œufs dedans avec une cuillère à soupe et compte 9 minutes à partir du moment où l'eau bout de nouveau.

2. Pour **éplucher** facilement les œufs durs, laisse-les tomber dans l'évier rempli d'eau froide. Attends quelques minutes pour qu'ils refroidissent. **Ôte** la coquille des œufs durs et coupe-les en deux dans le sens de la longueur. **Enlève** délicatement les jaunes d'œufs et dépose-les dans un saladier avec le roquefort, les noix hachées et la crème fraîche. **Mélange** bien le tout avec une fourchette. Poivre légèrement.

3. **Garnis** chaque demi-œuf de ce mélange.

4. **Dépose** un cerneau de noix sur le dessus.

5. Mets les œufs farcis au réfrigérateur pendant une demi-heure et sers-les accompagnés de **toasts** ou de tranches de pain de campagne.

Idée gourmande

Tu peux aussi préparer des œufs mimosa. Il suffit de couper les œufs durs en deux, d'enlever les jaunes, de les écraser à la fourchette, de les mélanger avec un peu de mayonnaise et de farcir les blancs !

LE CONSEIL DU CHEF

Ne fais pas cuire les œufs plus de 10 minutes ; ils seraient moins bons.

La cuisson au bain-marie

permet de cuire en douceur ou de garder chaud un plat ou une sauce déjà prête.

Temps de préparation

10 minutes

Temps de cuisson

6 minutes

Ustensiles

4 petits ramequins
1 grand plat à bord haut
papier sulfurisé

Pour 4 personnes, il te faut :

4 œufs extra-frais
4 cuillères à café de crème fleurette
beurre
sel, poivre
mouillettes de pain grillé

Œufs cocotte à la crème

LE CONSEIL DU CHEF

Pour éviter les éclaboussures pendant la cuisson au bain-marie, place du papier sulfurisé dans le fond du plat ! Pense aussi à verser de l'eau chaude et non pas froide dans le bain-marie.

1. Commence par **préchauffer** le four à 210 °C (th. 7).
2. **Beurre** légèrement l'intérieur des ramequins.
3. **Dépose** une cuillère à café de crème dans chaque ramequin. Puis **casse** un œuf par-dessus.
4. **Sale** et **poivre** légèrement.
5. **Dépose** une feuille de papier sulfurisé dans le grand plat.
6. Prépare le **bain-marie** : verse de l'eau chaude dans le plat. Attention à ne pas trop en mettre ! Tu risquerais de noyer les œufs et de rater la recette !
7. **Dépose** doucement les ramequins sur le papier sulfurisé.
8. Mets le plat dans le four et **laisse cuire** les œufs pendant 6 minutes.
9. Sors les œufs cocotte et **sers-les aussitôt**, avec des mouillettes de pain frais ou grillé, comme tu aimes. C'est ainsi qu'ils sont les meilleurs !

Idée gourmande

Tu peux mettre une pincée de fines herbes sur tes œufs cocottes, ou encore des dés de jambon ou du fromage râpé. Tu peux aussi les manger avec des asperges, qui te serviront de mouillettes.

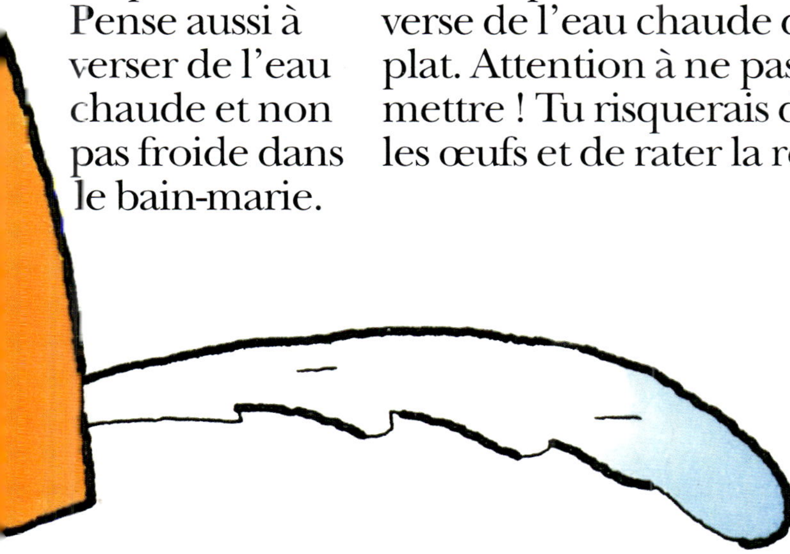

Temps de préparation
30 minutes

Temps de cuisson
20 minutes

Ustensiles
1 casserole
à fond épais
1 plaque du four

Pour 4 personnes, il te faut :
1 petit verre d'eau
50 g + 20 g
de beurre
2 œufs
75 g de farine
à pâtisserie
150 g de
gruyère râpé
sel

La pâte à choux, salée ou sucrée, doit être cuite dès qu'elle est prête. Facile à réaliser, elle gonfle de façon vraiment spectaculaire à la cuisson !

Gougères

1. **Sors** la plaque du four et **préchauffe** le four à 150 °C (th. 5).

2. **Beurre** ensuite la plaque du four et farine-la légèrement.

3. Mets les 50 g de beurre et l'eau dans une casserole et fais chauffer **à feu vif**.

4. Dès le premier bouillon, **ôte** la casserole du feu.

5. Verse **en une seule fois** la farine et mélange rapidement avec une cuillère.
Ta pâte va changer d'aspect et se dessécher légèrement.

6. **Ajoute** alors un œuf et mélange encore vivement.

7. **Ajoute** maintenant le deuxième œuf et mélange encore pour que la pâte soit bien lisse.

8. **Incorpore** le gruyère râpé et une pincée de sel.

9. Pour former les petites gougères, prends une **cuillerée à soupe de pâte** et dépose-la sur la plaque, puis recommence jusqu'à ce qu'il n'y ait plus de pâte.

10. Mets les gougères **au four** pendant environ 20 minutes.

11. Sers-les **chaudes** ou **tièdes**.

LE CONSEIL DU CHEF

Attention, les petites gougères doivent être bien séparées les unes des autres sur la plaque du four pour éviter qu'elles ne collent à la cuisson.

Idée gourmande

Avec la pâte à choux sucrée, tu peux faire des profiteroles ou des choux à la crème.

Les plats

LES PLATS

L'omelette peut être baveuse, moelleuse, ou bien cuite. La tortilla est l'omelette espagnole ; elle peut se servir **chaude ou froide.**

Tortilla

Temps de préparation
30 minutes

Temps de cuisson
20 minutes

Ustensiles
1 grande poêle à haut bord
1 grand saladier
1 passoire
1 spatule

Pour 4 à 6 personnes, il te faut :
 5 œufs
 2 grosses pommes de terre
1 gros oignon
huile d'olive
sel, poivre

1. Épluche les pommes de terre, lave-les et coupe-les **en dés**. Épluche l'oignon et coupe-le **en rondelles**.

2. **Verse** un peu d'huile dans la poêle. Dès qu'elle est chaude, verse la moitié des oignons, puis la moitié des pommes de terre. **Ajoute** par-dessus l'autre moitié d'oignons et le reste de pommes de terre. Couvre et laisse cuire **à feu doux** environ 8 minutes.

3. Avec la spatule, **retourne** la galette. Couvre et laisse cuire de nouveau 8 minutes. Quand elle est cuite, laisse-la égoutter dans une passoire au-dessus d'une assiette creuse.

4. **Casse** les œufs dans un grand saladier, sale et poivre, puis **bats** les œufs rapidement avec une fourchette.

5. **Verse** les pommes de terre et les oignons dans les œufs battus et remue avec la spatule.

6. **Essuie** la poêle, ajoute une cuillère à soupe d'huile et remets-la sur le feu.

7. Dès que l'huile est chaude, **ajoute** le mélange œufs-pommes de terre-oignons. Couvre et laisse cuire 10 minutes jusqu'à ce qu'il soit bien doré dessous.

8. Retourne la tortilla sur une grande assiette et remets-la à cuire **de l'autre côté** dans la poêle pendant 10 minutes. Quand la tortilla est bien croustillante des deux côtés, tu peux la servir.

Omelette

Temps de préparation

10 minutes

Temps de cuisson

5 minutes

Ustensiles

1 grande poêle
1 saladier
1 spatule

Pour 4 personnes, il te faut :

6 œufs
2 cuillères à soupe d'eau
huile
sel, poivre

1. **Casse** les œufs dans un saladier, ajoute 2 cuillères à soupe d'eau, sale et poivre légèrement.

2. **Bats** rapidement les œufs avec une fourchette.

3. Dans la poêle, fais **chauffer** une cuillère à soupe d'huile.

4. Dès que l'huile est chaude, verse **en une seule fois** les œufs battus.

5. Avec la spatule, **décolle** les bords de l'omelette qui commence à cuire et **ramène-les** au fur et à mesure vers le centre.

6. **Ôte** la poêle du feu dès que ton omelette est cuite comme tu l'aimes. Baveuse, moelleuse ou "bien cuite", à toi de choisir !

Idée gourmande

Tu peux enrichir ton omelette avec des champignons, des fines herbes ou des petits dés de jambon, ou de tomate…

LE CONSEIL DU CHEF

Tu peux servir ton omelette plate. Mais tu peux aussi la rouler ou la plier en deux. Pour cela, penche ta poêle et ramène la moitié de ton omelette sur l'autre moitié.

La pizza est une pâte à pain. Elle doit reposer deux fois pour pouvoir bien lever.

Temps de préparation

35 minutes

+ 1 heure
pour que la pâte gonfle

Temps de cuisson

20 minutes

Ustensiles

1 plaque du four
1 robot électrique
1 poêle, 1 assiette

Pour 4 à 6 personnes, il te faut :

250 g de farine
8 g de levure de boulangerie
1 verre d'eau tiède
600 g de coulis de tomates
150 g de mozzarelle
10 olives noires dénoyautées
1 oignon
1 gousse d'ail
1 brin de thym
origan
sucre en poudre
huile d'olive
sel,
poivre

LE CONSEIL DU CHEF

Pour étaler la pâte sans qu'elle colle, il suffit de s'enduire les mains d'un peu d'huile.

La pâte

1. **Mets** la levure dans un bol avec deux cuillères à soupe de farine et 1/2 verre d'eau tiède. **Laisse gonfler** pendant une dizaine de minutes.

2. Sur ton plan de travail, verse le restant de farine, 1/2 cuillère à café de sel, le contenu de ton bol et 1/2 verre d'eau.

Pizza italienne

3. **Ajoute** une cuillère à soupe d'huile d'olive tout en continuant de mélanger la pâte. Il faut que ta pâte forme une boule souple. Tu peux ajouter un peu d'eau ou de farine pour atteindre la consistance souhaitée.

4. **Dépose** ta boule de pâte sur une assiette, couvre-la d'un torchon et **laisse-la reposer** pendant environ 40 minutes.

La garniture

5. **Épluche** l'oignon et l'ail puis hache-les finement. Fais chauffer une cuillère à soupe d'huile d'olive dans la poêle et verse l'ail et l'oignon hachés. Laisse-les dorer 5 minutes à feu moyen puis ajoute le coulis de tomate et le thym. Sale et poivre. Ajoute 1/2 cuillère à café de sucre en poudre. Fais mijoter une dizaine de minutes.

6. **Huile** la plaque du four et saupoudre-la de farine.

7. Ta pâte a doublé de volume, **étale-la** avec la paume des mains sur la plaque du four. Laisse-la reposer 20 minutes. **Préchauffe** le four à 210 °C (th. 7).

8. **Couvre** maintenant la pâte de sauce tomate.

9. **Découpe** la mozzarelle en tranches et dispose-les sur la pizza. **Saupoudre** le tout d'origan, ajoute les olives et arrose d'un peu d'huile d'olive.

10. Mets la pizza au four pendant environ 20 minutes.

En changeant les ingrédients, tu peux réaliser d'autres pizzas.

Pizza jambon et champignons

Temps de préparation

35 minutes

+ 1 heure pour que la pâte gonfle

Temps de cuisson

20 minutes

Ustensiles

1 poêle
1 saladier
1 spatule
1 plaque à pizza (ou 1 plaque du four)

Pour 4 à 6 personnes, il te faut :

250 g de pâte à pizza (voir p. 28)
4 tranches de jambon
4 champignons de Paris
1 mozzarelle (150 g)
1 grosse boîte de tomates pelées
sucre
huile d'olive
origan
sel, poivre

1. Prépare ta **pâte à pizza.**

2. Dans un saladier, **écrase** les tomates pelées avec une fourchette.

3. **Lave** rapidement les champignons, sèche-les et coupe les pieds. **Découpe-les** en fines rondelles.

4. Fais **chauffer** une cuillère à soupe d'huile d'olive dans une poêle et **verse** les champignons. Laisse-les cuire environ 3 minutes **à feu doux** tout en remuant avec une spatule. Ajoute les tomates et une demi-cuillère à café de sucre. Sale, poivre et ajoute une cuillère à soupe d'origan.

5. Remue et laisse **mijoter** 10 minutes.

6. Huile la plaque à pizza et saupoudre-la légèrement de farine. **Étale** la pâte sur la plaque avec la paume des mains. Laisse-la reposer encore 20 minutes. **Préchauffe** le four à 210 °C (th. 7).

7. **Étale** la sauce tomate aux champignons sur la pâte et **dispose** sur le dessus le jambon coupé en dés.

8. **Découpe** la mozzarelle en tranches et dispose-les sur ta pizza.

9. Mets la pizza **au four** pendant environ 20 minutes.

LE CONSEIL DU CHEF

Tu peux t'aider d'un pinceau à pâtisserie pour huiler la plaque.

D'autres pizzas

Pizza aux trois fromages

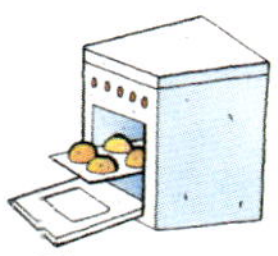

Temps de préparation

35 minutes

+ 1 heure pour que la pâte gonfle

Temps de cuisson

20 minutes

Ustensiles

1 plaque à pizza
1 poêle

Pour 4 à 6 personnes, il te faut :

250 g de pâte à pizza (voir p. 28)
500 g de tomate pelées
150 g de mozzarelle
150 g de fourme d'Ambert
1/2 bûche de chèvre
10 olives noires
1 oignon
1 gousse d'ail
1 brin de thym
sucre en poudre
huile d'olive
sel, poivre

1. Prépare ta **pâte à pizza**.

2. Fais chauffer une cuillère à soupe d'huile d'olive dans une poêle puis verse l'ail et l'oignon hachés. Laisse-les **dorer** environ 5 minutes à feu moyen, puis ajoute les tomates pelées et le brin de thym. Sale, poivre et verse 1/2 cuillère à café de sucre en poudre. Laisse **mijoter** une dizaine de minutes.

3. **Huile** la plaque à pizza et saupoudre-la légèrement de farine.

4. **Étale** la pâte sur la plaque avec la paume des mains. Laisse-la reposer encore 20 minutes. **Préchauffe** le four à 210 °C (th. 7).

5. **Couvre** la pâte de sauce tomate.

6. **Découpe** la mozzarelle, le fromage de chèvre et la fourme en tranches et **dispose-les** sur la pizza.

7. **Ajoute** les olives noires et arrose d'un peu d'huile d'olive.

8. Mets la pizza **au four** pendant environ 20 minutes. Sers-la bien chaude !

Idée gourmande

Tu peux préparer toi-même un bon coulis de tomates. Dans une poêle, fais revenir dans de l'huile chaude 1 gros oignon coupé en lamelles. Ajoute les tomates pelées, 1 bouquet garni. Sale et poivre, puis laisse cuire à feu très doux pendant environ 40 minutes. Retire le bouquet garni et mixe ton coulis au robot.

La pâte brisée est une pâte croustillante, facile à préparer qui permet de faire **toutes sortes de délicieuses tartes, salées ou sucrées.**

Temps de préparation
20 minutes
+ 30 minutes

Temps de cuisson
35 minutes

Ustensiles
1 moule à tarte d'environ 26 cm de diamètre
1 saladier
1 rouleau à pâtisserie
1 poêle
1 écumoire
film alimentaire

Pour 4 à 6 personnes, il te faut :
275 g de farine
140 g + 20 g de beurre ramolli découpés en dés
5 œufs
250 g de petits lardons fumés
25 cl de crème fraîche
120 g de gruyère râpé
sel, poivre

LE CONSEIL DU CHEF

Pour que ta pâte brisée épouse parfaitement la forme de ton moule, replie la pâte qui dépasse sur les bords et pince-la du bout des doigts pour former un joli bord.

Quiche lorraine

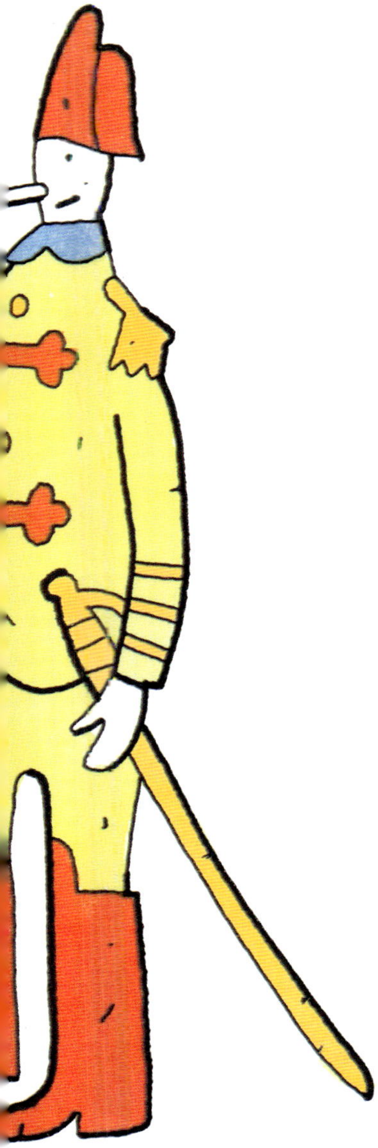

La pâte brisée

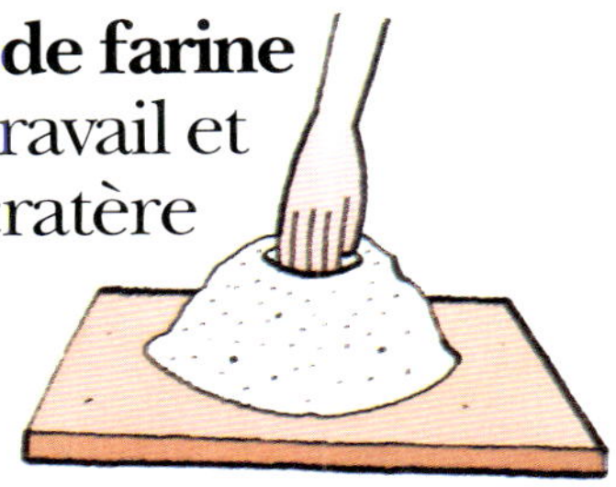

1. Fais un **puits de farine** sur ton plan de travail et creuse un petit cratère au milieu.

2. **Place** dans le cratère les 140 g de beurre ramolli, un œuf, une pincée de sel et une cuillère à soupe d'eau froide.

3. **Mélange** la pâte avec le bout des doigts, jusqu'à ce qu'elle devienne bien lisse.

4. Puis **roule-la** en boule, enveloppe-la dans un film alimentaire et mets-la au réfrigérateur 30 minutes.

5. **Beurre** le moule à tarte. Saupoudre de farine ton plan de travail et **étale** la pâte avec le rouleau à pâtisserie, jusqu'à obtenir un cercle d'environ 30 cm de diamètre.

6. **Garnis** le moule avec la pâte étalée, couvre d'un film alimentaire et mets-le au réfrigérateur pendant 15 minutes.

La garniture

7. **Préchauffe** le four à 210 °C (th. 7). Pendant ce temps, fais **cuire** les lardons dans la poêle à feu assez vif pendant 5 à 8 minutes, le temps de faire fondre la graisse. Puis **ôte-les** de la poêle avec une écumoire et pose-les dans une assiette sur du papier absorbant.

8. Dans un saladier, **mélange** 4 œufs, la crème et le fromage râpé avec une fourchette. Poivre légèrement.

9. Sors le moule et **pique** la pâte avec une fourchette, puis **garnis** le fond avec les lardons, et ajoute le mélange.

10. Mets la quiche **au four** pendant 35 minutes.

11. Tu peux servir la quiche **chaude** ou **tiède,** avec une salade.

À partir de la recette de la quiche, tu peux réaliser d'autres tartes salées.

Temps de préparation
25 minutes
+ 30 minutes

Temps de cuisson
35 minutes

Ustensiles
1 moule à tarte
1 saladier
1 rouleau à pâtisserie
1 casserole
film alimentaire

Pour 4 à 6 personnes, il te faut :
1 pâte brisée (voir p. 33)
500 g d'épinards
1 oignon haché
noix muscade
3 œufs
15 cl de crème fraîche
200 g de ricotta
100 g de parmesan râpé
20 g de beurre
huile d'olive
sel, poivre

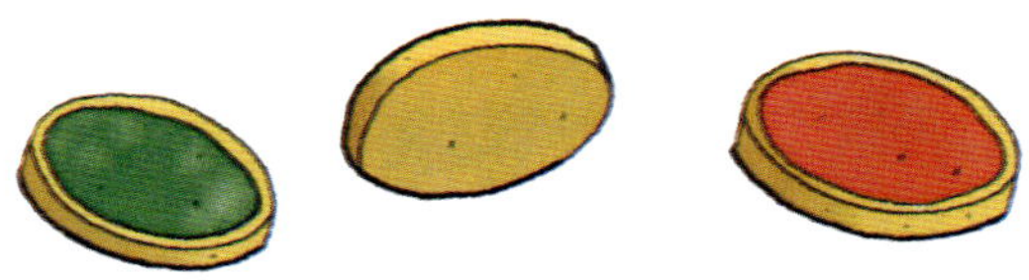

Tarte épinards et ricotta

1. Prépare ta **pâte brisée**. **Beurre** le moule à tarte. Saupoudre de farine ton plan de travail et **étale** la pâte avec le rouleau à pâtisserie jusqu'à obtenir un cercle d'environ 30 cm de diamètre.

2. **Garnis** le moule avec la pâte, couvre d'un film alimentaire et mets-le au réfrigérateur pendant 15 minutes. **Préchauffe** le four à 210 °C (th. 7).

3. **Épluche** les feuilles d'épinard, rince-les à l'eau fraîche, égoutte-les puis **découpe-les** en fines lanières.

4. Fais **chauffer** l'huile dans une casserole à fond épais. Dès qu'elle est chaude, **ajoute** l'oignon haché et laisse-le blondir 4 minutes à feu moyen tout en remuant.

5. **Ajoute** alors les épinards et une pincée de noix muscade. Sale, poivre et laisse **cuire** environ 4 minutes.

6. Dans un saladier, **mélange** les œufs, la crème et la ricotta avec une fourchette. Poivre légèrement.

7. **Pique** le fond de tarte avec une fourchette, puis garnis le fond avec les épinards, **ajoute** le parmesan râpé et le mélange de crème, de ricotta et d'œufs battus.

8. Mets la tarte **au four** pendant 35 minutes. Tu peux la servir chaude, tiède ou même froide !

Tartes salées

Tarte à la tomate

Temps de préparation

20 minutes

+ 30 minutes

Temps de cuisson

35 minutes

Ustensiles

1 moule à tarte d'environ 26 cm de diamètre
1 rouleau à pâtisserie
1 râpe à fromage
film alimentaire

Pour 4 à 6 personnes, il te faut :

1 pâte brisée (voir p. 33)
250 g de comté
4 tomates
1 cuillère à soupe de moutarde fine
20 g de beurre
poivre

1. Prépare ta **pâte brisée**. **Beurre** soigneusement le moule à tarte.

2. Saupoudre de farine ton plan de travail et **étale** la pâte avec le rouleau à pâtisserie jusqu'à obtenir un cercle d'environ 30 cm de diamètre.

3. **Garnis** le moule avec la pâte, couvre d'un film alimentaire et mets-le au réfrigérateur pendant 15 minutes. **Préchauffe** le four à 210 °C (th. 7).

4. **Râpe** le comté. **Lave** les tomates à l'eau fraîche, essuie-les et découpe-les en **tranches**.

5. **Pique** légèrement le fond de tarte avec une fourchette, puis **étale** la moutarde sur le fond. **Ajoute** le comté râpé et couvre le tout des tranches de tomates. Poivre légèrement les tomates.

6. Mets la tarte **au four** pendant environ 35 minutes. Sers-la très chaude !

LE CONSEIL DU CHEF

Tu peux aussi choisir des mini-moules et préparer des petites tartes individuelles. Idéal pour les pique-niques.

La pâte briochée est une pâte levée, qui te permettra de préparer aussi les brioches du petit déjeuner !

Temps de préparation
50 minutes

Temps de cuisson
30 minutes

Ustensiles
1 saladier
1 grande casserole
1 moule à cake

Pour 6 personnes, il te faut :
1 saucisson à cuire
250 g de farine
3 œufs
1 petit pot de crème fraîche liquide
1 pincée de sucre
1 pincée de sel
1/2 sachet de levure chimique
beurre

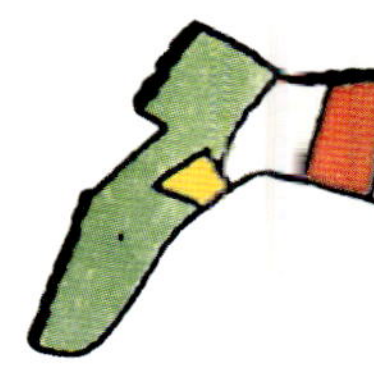

LE CONSEIL DU CHEF

Pour être certain de réussir ta pâte briochée, prépare-la dans un endroit chaud et sans courant d'air. Ta pâte lèvera alors très facilement ! Pour la brioche, ajoute deux cuillères à café de sucre et laisse reposer la pâte une nuit.

Saucisson en brioche

1. **Pique** légèrement le saucisson avec la pointe d'un couteau.

2. Mets-le dans une grande casserole d'eau froide. Laisse cuire **à petit feu** pendant environ 20 minutes. Attention, l'eau ne doit pas bouillir, mais seulement frémir !

3. **Ôte** la casserole du feu et laisse le saucisson **refroidir** dans l'eau de cuisson.

4. Prépare maintenant ta **pâte briochée** : dans un saladier, **mélange** les œufs, la crème, la farine, le sucre, le sel et la levure chimique avec une cuillère ou une spatule. Ton mélange doit devenir lisse et onctueux.

5. **Beurre** l'intérieur de ton moule à cake et **verse** la pâte.

6. **Enlève** la peau du saucisson avec un petit couteau pointu.

7. **Enfonce** le saucisson dans la pâte. Il doit être entièrement recouvert de pâte.

8. **Préchauffe** le four à 210 °C (th. 7).

9. Couvre le moule d'un torchon et laisse la pâte **lever doucement** pendant 15 minutes dans un endroit tiède.

10. Mets le moule **au four** et laisse cuire pendant environ 30 minutes. La pâte va peu à peu prendre une jolie couleur dorée.

11. Tu peux servir le saucisson brioché **tiède**, découpé en tranches épaisses. Mais il est aussi très bon froid avec une salade pour les pique-niques !

Temps de préparation
10 minutes

Temps de cuisson
1h 15 minutes

Ustensiles
1 cocotte en fonte
1 planche à découper
1 marteau

Pour 4 personnes, il te faut :
 1 poulet
3 kg de gros sel de mer
1 branche de thym
1 gousse d'ail
 poivre

La cuisson dans le sel est très simple et très spectaculaire. Demande à tes amis de briser la coque de sel. Succès garanti !

Poulet en croûte de sel

LE CONSEIL DU CHEF

Choisis toujours du sel de mer à gros grains !

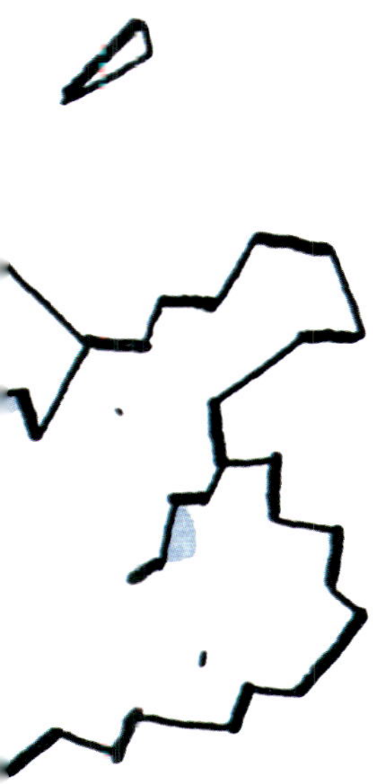

1. Commence par **préchauffer** le four à 210 °C (th. 7).

2. **Place** la gousse d'ail et la branche de thym à l'intérieur du poulet et poivre légèrement.

3. **Verse** une couche de gros sel de 2 centimètres au fond de la cocotte.

4. **Dépose** le poulet sur la couche de sel puis **recouvre-le** de gros sel. Le poulet doit **disparaître** entièrement sous le sel.

5. Pose le couvercle et mets la cocotte dans le four. **Laisse cuire** le poulet pendant environ 1 heure 15 minutes. En cuisant, le sel va former une coque dure autour du poulet.

6. En fin de cuisson, sors la cocotte du four. Attends 5 minutes environ et **renverse** la coque de sel sur une planche à découper.

7. **Casse** la coque de sel en t'aidant d'un marteau et tu verras apparaître un poulet cuit et… doré à point ! La chair sera délicatement moelleuse, parfumée et salée juste comme il faut !

Idée gourmande

Tu peux aussi parfumer ton poulet avec du romarin.

Temps de préparation
15 minutes

Temps de cuisson
15 minutes

Ustensiles
1 grande poêle
3 assiettes creuses

Pour 4 personnes, il te faut :
4 escalopes de poulet d'environ 2 centimètres d'épaisseur
2 œufs
4 cuillères à soupe de farine
150 g de chapelure
20 g de beurre
huile de tournesol
sel, poivre

Pour "paner à l'anglaise", on utilise uniquement de la chapelure. Pour "paner à la milanaise", on ajoute du parmesan râpé.

Escalopes de poulet panées

1. **Casse** les œufs dans une assiette creuse, bats-les avec une fourchette, puis ajoute une pincée de sel, une cuillère à soupe d'huile, et poivre.

2. Verse la **farine** dans une deuxième assiette creuse et la **chapelure** dans une troisième assiette creuse.

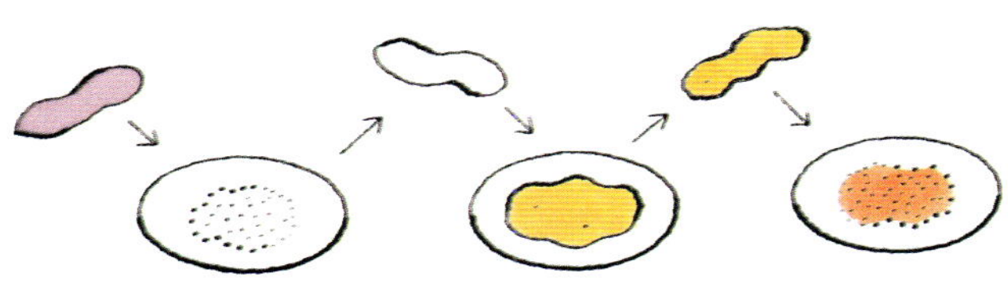

3. **Passe** les escalopes de poulet dans la farine puis tapote-les pour que la couche de farine soit très fine.

4. **Passe** ensuite les escalopes dans les œufs battus, puis dans la chapelure.

5. Fais **chauffer** le beurre et une cuillère à soupe d'huile dans une poêle.

6. Quand le mélange est bien chaud, dépose les escalopes de poulet dans la poêle sur un **feu assez vif**. Quand elles commencent à prendre une belle couleur dorée, **retourne-les** et laisse-les dorer de l'autre côté.

7. Puis **baisse** le feu et finis la cuisson **à feu doux** 5 minutes environ.

8. **Sers** les escalopes panées très chaudes, avec des pâtes au beurre, par exemple.

Idée gourmande

Tu peux ajouter une tranche de fromage (emmenthal ou comté) sur le poulet avant de le paner.

Tout le monde aime les boulettes.

C'est amusant à préparer et rapide à cuire.

Temps de préparation
30 minutes

Temps de cuisson
10/15 minutes

Ustensiles
3 assiettes creuses
1 grand saladier
1 grande poêle
à bord haut
papier absorbant

Pour 4 personnes, il te faut :
4 tranches
de pain de mie
200 g de bœuf
haché
100 g de veau
haché
1 gros oignon
persil
menthe fraîche
cumin en poudre
coriandre
en poudre
25 g de
parmesan
1 œuf
1 verre de lait
1 tasse de farine
huile d'olive
sel,
poivre

Boulettes de bœuf

1. Épluche l'oignon et hache-le finement. Hache le persil et la menthe.

2. **Place** les tranches de pain de mie dans une assiette creuse et verse le lait dessus.

3. **Mets** la viande hachée dans un grand saladier. Ajoute l'oignon, 1 cuillère à soupe de persil haché, 1 cuillère à soupe de menthe hachée, 1/2 cuillère à café de cumin et 1/2 cuillère à café de coriandre.

4. **Presse** le pain de mie dans tes mains et ajoute-le dans le saladier.

5. **Casse** l'œuf par-dessus, sale, poivre, ajoute le parmesan et malaxe bien avec les doigts.

6. **Mets** la farine dans une grande assiette creuse. Forme des **boulettes** de farce avec une cuillère et roule-les dans la farine, puis dépose-les sur une autre assiette creuse.

7. Fais chauffer l'huile dans la poêle. Dès qu'elle est chaude, fais dorer **à feu doux** tes boulettes de viande pendant 15 minutes environ.

8. Quand elles sont dorées, **retire** les boulettes de la poêle avec une écumoire et dépose-les sur du papier absorbant.

Idée gourmande

Tu peux servir tes boulettes avec une bonne sauce tomate, du riz ou des pâtes.

Facile à réussir, joli à présenter, c'est le plat idéal pour inviter les parents.

Temps de préparation

10 minutes

Temps de cuisson

35 minutes

Ustensiles

1 plat
allant au four

Pour 4 personnes, il te faut :

1 gros filet
mignon de porc
1 pot de
moutarde fine
de Dijon
1 cuillère à soupe
d'huile de
tournesol
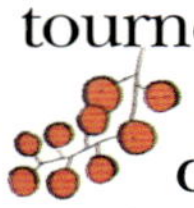
2 barquettes
de tomates
cerises

sel,
poivre

LE CONSEIL DU CHEF

Quand tu vas découper les tranches de viande, la moutarde va se mélanger au jus de tomate et former une bonne sauce !
Si tu n'aimes pas la moutarde trop forte, choisis une moutarde mi-forte.

Filet mignon à la moutarde

1. **Préchauffe** le four à 210 °C (th. 7).

2. Mets une cuillère à soupe d'huile dans un plat allant au four et **installe** le filet.

3. Avec une cuillère, **couvre** le filet d'une bonne couche de moutarde.

4. Mets les **tomates** cerises tout autour. Tu peux aussi mettre des tomates coupées en quatre.

5. Mets le plat **au four** et fais cuire pendant environ 35 minutes. **Vérifie** de temps en temps que la moutarde ne brûle pas. Si c'est le cas, baisse un peu la température.

6. Quand tu sortiras le plat du four, la moutarde aura formé une **belle croûte dorée** sur la viande !

Temps de préparation
30 minutes

Temps de cuisson
10 minutes

Ustensiles
1 cocotte
1 casserole
1 saladier
1 plat
1 passoire

Pour 4 personnes, il te faut :
2 kg de moules
2 échalotes hachées
1 verre de vin blanc sec
1 bouquet garni (3 queues de persil, 1 branche de thym, 1 feuille de laurier)
20 g de beurre
1 grosse cuillère de farine
persil haché
huile
sel, poivre

Les palourdes et les coques peuvent aussi se cuire en marinière. La préparation de base est la même : échalote, vin blanc, beurre et persil.

Moules marinière

1. **Gratte** les moules puis lave-les plusieurs fois sous l'eau du robinet. N'hésite pas à te faire aider ! Il ne faut garder que les moules bien fermées.

2. Dans la cocotte, fais **revenir** les échalotes hachées dans un peu d'huile chaude, ajoute alors le vin blanc et le bouquet garni. Laisse cuire **à feu doux** pendant 5 minutes, puis ajoute les moules.

3. **Couvre** la cocotte et mets-la sur **feu vif**. Remue plusieurs fois avec une grande cuillère.

4. Dès que les moules sont ouvertes, ôte-les de la cocotte et **dépose-les au chaud** dans un plat avec couvercle.

5. **Filtre** le jus de cuisson avec une passoire au-dessus d'un saladier.

6. Dans une casserole à fond épais, fais **fondre** le beurre.

7. Ajoute **en une seule fois** la farine. Dès que ton mélange beurre-farine devient blond, ôte la casserole du feu.

8. **Verse peu à peu** le jus de cuisson des moules dans la casserole.

9. Remets la casserole sur le feu une minute tout en tournant avec la cuillère, **sale** et **poivre**, puis retire-la du feu.

10. Verse cette sauce sur les moules, ajoute le persil haché et **sers aussitôt**.

LE CONSEIL DU CHEF

Attention, il ne faut jamais manger une moule qui ne s'est pas ouverte à la cuisson ! Pour que les moules soient encore meilleures, il faut bien les remuer pendant leur cuisson.

Idée gourmande

Si tu veux une sauce plus épaisse, ajoute un jaune d'œuf à ta sauce juste avant de servir et mélange bien.

La cuisson en papillote est excellente pour la santé car il n'y a pas besoin de matière grasse.

Temps de préparation
30 minutes

Temps de cuisson
10 minutes

Ustensiles
1 plaque du four
1 râpe à légumes
4 grands carrés de papier sulfurisé

Pour 4 personnes, il te faut :

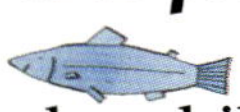 4 filets de cabillaud
 1 grosse carotte
1 courgette
 le jus d'un citron
1 échalote hachée
huile d'olive
 sel, poivre

LE CONSEIL DU CHEF

Le secret d'une bonne cuisson en papillote ? Il faut bien replier les bords du papier sulfurisé sous la papillote, pour éviter que les parfums et la vapeur ne s'échappent pendant la cuisson.

Papillotes de poisson

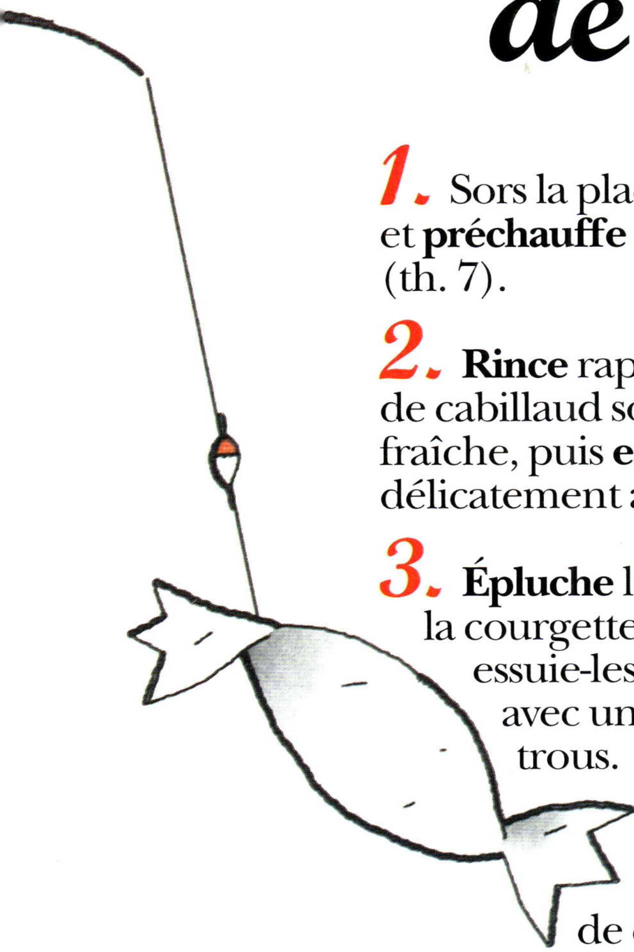

1. Sors la plaque du four et **préchauffe** le four à 210 °C (th. 7).

2. **Rince** rapidement les filets de cabillaud sous un filet d'eau fraîche, puis **essuie-les** délicatement avec un torchon.

3. **Épluche** la carotte et la courgette, rince-les et essuie-les. Puis **râpe-les** avec une râpe à gros trous.

4. **Arrose-les** aussitôt de jus de citron.

5. **Dispose** un peu de courgette et de carotte râpées au milieu des carrés de papier sulfurisé.

6. **Dépose** un filet de cabillaud sur les légumes râpés. **Sale** et **poivre**.

7. **Ajoute** un peu d'échalote hachée et quelques gouttes d'huile d'olive sur chaque filet.

8. **Plie** et **referme** hermétiquement les papillotes et place-les sur la plaque du four ou dans un grand plat.

9. Mets-les **au four** pendant 10 minutes environ.

10. Sers les papillotes **fermées**. Ce sera à chacun de les ouvrir.

Idée gourmande

De la même façon, tu peux faire cette recette avec tous les poissons que tu aimes.

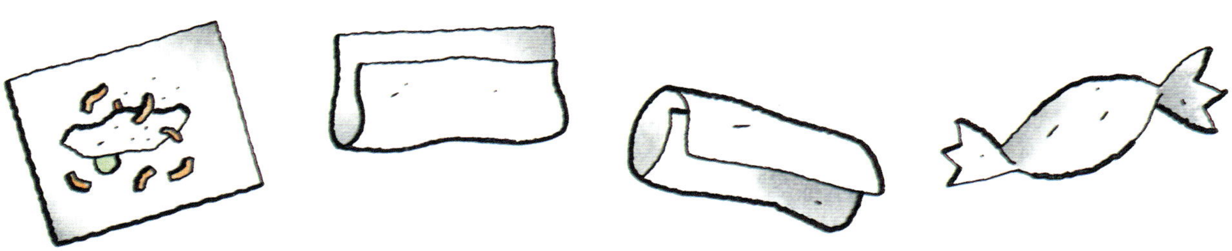

Temps de préparation
20 minutes

Temps de cuisson
50 minutes

Ustensiles
1 moule à cake
1 saladier
1 râpe à légumes

Pour 6 personnes, il te faut :
1 petite boîte de thon à l'huile
3 œufs
2 carottes
15 olives noires dénoyautées
80 g de flocons de céréales
250 g de farine
80 g de ricotta
3 cuillères à soupe d'huile d'olive
2 cuillères à soupe de curry en poudre
20 g de beurre
1/2 sachet de levure chimique
sel, poivre

Le cake est une pâte levée que l'on peut préparer sucrée ou salée.

Cake au thon

1. **Préchauffe** le four à 180 °C (th. 6).

2. Épluche les carottes, rince-les et râpe-les.

3. **Coupe** les olives en deux.

4. **Mélange** dans un saladier la farine, les flocons de céréales, le curry en poudre, la levure et une cuillère à café de sel.

5. Ajoute les œufs et l'huile d'olive et **mélange** bien le tout.

6. **Verse** alors la ricotta, le thon émietté, les carottes râpées et les olives, **poivre** à ton goût et mélange encore.

7. **Beurre** soigneusement le moule à cake. Puis farine-le légèrement.

8. **Verse** le mélange dans le moule et **lisse** bien le dessus avec une cuillère.

9. Mets le plat **au four** et laisse cuire pendant environ 50 minutes.

LE CONSEIL DU CHEF

Pour préparer ton moule : beurre les parois intérieures du moule et saupoudre environ une cuillère à soupe de farine. Puis renverse le moule sur une table et tapote le fond et les parois. L'excédent de farine va tomber tout seul.

Si tu veux un gratin bien gratiné, ajoute du fromage râpé sur le dessus un peu avant la fin de la cuisson.

Temps de préparation

30 minutes

Temps de cuisson

1 heure

Ustensiles
1 plat à gratin
1 petite casserole à fond épais

Pour 6 personnes, il te faut :

 1,5 kg de pommes de terre de type bintje
1 verre de crème liquide
1 tasse à café de lait
1 gousse d'ail
30 g de beurre
noix muscade
 sel, poivre

LE CONSEIL DU CHEF

Si tu veux donner un petit goût de "noisette" à ton gratin, tu peux remplacer la crème et le lait frais par du lait concentré non sucré.

Gratin de pommes de terre

1. **Verse** le lait, puis la crème dans une petite casserole à fond épais. Ajoute 1/2 cuillère à café de sel, une pincée de poivre, puis deux ou trois pincées de noix muscade.

2. Fais **doucement** chauffer pendant 5 minutes. Puis ôte la casserole du feu et laisse **tiédir**.

3. **Épluche** les pommes de terre, rince-les à l'eau fraîche puis essuie-les soigneusement dans un torchon. **Découpe-les** ensuite en fines rondelles.

4. **Préchauffe** le four à 170 °C (th. 5-6).

5. **Épluche** la gousse d'ail.

6. **Frotte** le plat à gratin avec la gousse d'ail, puis beurre-le.

7. **Dispose** les rondelles de pommes de terre dans le fond du plat.

8. **Verse** le mélange lait-crème sur les pommes de terre. Elles doivent être entièrement recouvertes.

9. Mets ton plat **au four** et laisse cuire pendant 1 heure.

10. Sers le gratin de pommes de terre **très chaud** dès la sortie du four !

Tu peux cuire les pommes de terre au four dans du papier sulfurisé mais aussi sous la cendre.

Temps de préparation
15 minutes

Temps de cuisson
50 minutes

Ustensiles
1 plaque de four
papier sulfurisé

Pour 4 personnes, il te faut :
4 grosses pommes de terre
8 cuillères à soupe de fromage blanc frais
quelques brins de ciboulette
sel, poivre

LE CONSEIL DU CHEF

Si tu aimes la peau des pommes de terre croustillante, tu peux aussi les cuire sans les envelopper.
Il faut alors bien surveiller la cuisson pour qu'elles ne noircissent pas, et les retourner plusieurs fois.

Pommes de terre farcies

1. **Préchauffe** le four à 240 °C (th. 8).

2. **Lave** les pommes de terre à l'eau, essuie-les bien, enveloppe-les dans du papier sulfurisé puis dépose-les sur la plaque du four.

3. Mets-les **au four** pendant environ 45 minutes.

4. Pendant ce temps, **lave** les brins de ciboulette, essuie-les et **hache-les** finement avec un couteau.

5. Puis **mélange** le fromage blanc frais et la ciboulette hachée, ajoute une petite pincée de sel, et poivre légèrement.

6. Quand les pommes de terre sont cuites, sors-les du four. **Laisse-les tiédir**.

7. **Découpe** un chapeau sur chaque pomme de terre. Prends-les avec un torchon pour ne pas te brûler.

8. Puis, en t'aidant d'une petite cuillère, **creuse** l'intérieur des pommes de terre.

9. **Remplis** chaque pomme de terre d'un peu de fromage blanc à la ciboulette.

10. **Remets** le chapeau en place et enfourne les pommes de terre encore 5 minutes.

11. Sers les pommes de terre farcies **très chaudes**.

Idée gourmande

Tu peux varier les farces. Par exemple : avec un œuf entier, des petits morceaux de jambon, quelques crevettes déjà cuites...

Avec différents légumes, tu peux préparer des purées de toutes les couleurs…

Temps de préparation
20 minutes

Temps de cuisson
30 minutes

Ustensiles
1 presse-purée ou 1 moulin à légumes
1 passoire
1 grande casserole
1 petite casserole

Pour 4 personnes, il te faut :

 1 kg de pommes de terre de type bintje
1 bol de lait
150 g de beurre
1/2 feuille de laurier
 1 cuillère à café de sel fin
 poivre

Purée de pommes de terre

LE CONSEIL DU CHEF

Ne prépare jamais ta purée avec le mixeur car elle deviendrait collante et serait moins bonne.

1. **Sors** le beurre du réfrigérateur et laisse-le à température ambiante.

2. **Lave** les pommes de terre.

3. Mets-les dans une grande casserole d'eau froide. **Ajoute** la cuillère de sel fin et la demi-feuille de laurier.

4. Couvre la casserole et fais cuire **à petits bouillons** pendant environ 25 minutes. Pique une pomme de terre avec la pointe d'un couteau. Si la lame entre facilement dans la pomme de terre, c'est qu'elle est cuite !

5. **Égoutte** les pommes de terre dans une passoire, puis **épluche-les**. Pour éviter de te brûler, tu peux t'aider d'une fourchette et d'un couteau.

6. **Écrase** les pommes de terre avec le presse-purée (ou le moulin à légumes). Puis verse la purée dans la grande casserole sur un **feu doux**.

7. **Découpe** le beurre en petits dés et ajoute-les aussitôt à la purée tout en remuant avec une cuillère. Le mélange va devenir **lisse** et **onctueux**. Ôte la casserole du feu.

8. Fais **chauffer** le lait dans la petite casserole. Attention qu'il ne déborde pas !

9. **Verse peu à peu** le lait dans la purée et mélange avec la cuillère.

10. **Poivre** légèrement et sers aussitôt la purée.

Idée gourmande

Tu peux ajouter une pointe de noix muscade râpée dans ta purée pour la parfumer.

Pommes de terre, aubergines, tomates … de nombreux légumes peuvent être farcis.

Courgettes farcies

Temps de préparation
40 minutes

Temps de cuisson
1 heure

Ustensiles
1 plat à gratin
1 grande casserole
1 passoire
1 saladier

Pour 6 personnes, il te faut :
6 courgettes
1 bol de riz cuit
50 g de parmesan râpé
1 œuf
100 g de viande cuite hachée (poulet, bœuf ou rôti de porc)
4 feuilles de basilic
1 gousse d'ail
1 oignon
huile d'olive
sel, poivre

1. Fais **cuire** le riz. **Lave** les courgettes.

2. **Épluche** l'oignon et la gousse d'ail puis **hache** finement la gousse d'ail.

3. Fais chauffer une grande casserole d'eau salée. Dès que l'eau bout, **plonge** les courgettes entières et l'oignon et laisse-les cuire **à petits bouillons** pendant 5 minutes. Ôte les légumes de la casserole puis mets-les à égoutter. **Préchauffe** le four à 180 °C (th. 6).

4. **Coupe** les courgettes en deux dans le sens de la longueur. **Évide-les** avec une petite cuillère. Attention à ne pas perforer la peau des courgettes ! Dépose la chair des courgettes dans un saladier.

5. **Hache** l'oignon cuit finement. Découpe avec les doigts les feuilles de basilic.

6. **Ajoute** à la chair de courgettes l'oignon, l'ail et le basilic haché puis le riz cuit, la viande hachée, l'œuf et le parmesan râpé. **Mélange** bien le tout. **Sale** et **poivre**.

7. **Remplis** chaque demi-courgette de cette farce. **Range** les courgettes farcies dans un grand plat à gratin.

8. Verse deux ou trois gouttes d'huile d'olive sur chaque courgette et mets-les **au four**. Laisse-les cuire environ 45 minutes.

Idée gourmande

Découpe toujours le basilic avec les doigts : il est bien meilleur.

Les petits farcis de Provence

Temps de préparation

40 minutes

Temps de cuisson

1 heure

Ustensiles

1 plat à gratin
1 petite casserole
1 poêle
1 saladier
1 assiette creuse

Pour 6 personnes, il te faut :

6 grosses tomates
250 g de viande cuite hachée (porc, poulet ou bœuf)
50 g de mie de pain
5 cl de lait
1 œuf
1 oignon haché
1 gousse d'ail

2 cuillères à soupe de persil
chapelure
20 g de beurre
huile d'olive
sel, poivre

Tomates farcies

1. **Préchauffe** le four à 180 °C (th. 6). **Lave** les tomates à l'eau fraîche et essuie-les.

2. Avec un couteau à dents, **découpe** un petit chapeau sur le haut de chaque tomate. **Enlève** l'intérieur des tomates avec une petite cuillère. Attention à ne pas crever la peau !

3. Fais **tiédir** le lait dans une petite casserole puis verse-le dans une assiette creuse sur la mie de pain.

4. **Épluche** l'ail et l'oignon et hache-les finement. Hache également le persil.

5. Fais **chauffer** une cuillère à soupe d'huile dans une poêle. Puis fais **cuire** l'oignon haché pendant quelques minutes.

6. **Mélange** dans un saladier la viande hachée avec l'oignon, la mie de pain, l'ail et le persil hachés, puis l'œuf. Sale et poivre. **Remplis** chaque tomate de cette farce. **Saupoudre** d'un peu de chapelure.

7. **Beurre** légèrement un plat à gratin et **dispose** les tomates bien serrées dans le plat. Remets les chapeaux pour qu'elles ne se dessèchent pas.

8. Mets le plat **au four** et laisse cuire pendant environ 45 minutes.

Le boulgour est du blé concassé. Le quinoa est une céréale d'Amérique du Sud.

Taboulé

Temps de préparation:
30 minutes
+ 2 heures au frais

Pas de cuisson

Ustensiles
1 grand saladier
1 casserole
1 hachoir électrique (facultatif)
1 passoire

Pour 4 personnes, il te faut :
200 g de boulgour
2 oignons hachés
3 tomates
1 gros bouquet de persil plat
1/2 bouquet de menthe
le jus de 3 citrons
25 cl d'eau
15 cl d'huile d'olive
sel, poivre

1. Verse le boulgour dans un saladier. Fais **frémir** 25 cl d'eau dans une casserole, ajoute une pincée de sel et verse l'eau sur le boulgour. Tu dois juste le recouvrir. **Laisse gonfler** le boulgour 30 minutes environ.

2. Pendant ce temps, **lave** les tomates, coupe-les en deux, ôte les pépins, puis découpe-les en petits dés.

3. Lave le persil et la menthe, essuie-les puis **hache-les** finement avec des ciseaux ou dans un hachoir électrique.

4. Égoutte le boulgour, verse-le dans le saladier. **Arrose-le** du jus de citron et de l'huile d'olive.

5. Ajoute le persil et la menthe hachée, les dés de tomate et les oignons hachés. Sale, poivre et mélange bien le tout.

6. Mets le taboulé au réfrigérateur pendant deux heures et sers-le **très frais**.

Les céréales

Quinoa

Temps de préparation

5 minutes

Temps de cuisson

20 minutes

Ustensiles

2 casseroles dont
1 à fond épais

Pour 4 à 6 personnes, il te faut :

200 g de quinoa
1 bol de bouillon de légumes
huile

1. Fais **chauffer** le bouillon de légumes dans une casserole.

2. Fais chauffer une cuillère à soupe d'huile dans une autre casserole à fond épais puis **verse** le quinoa. Mélange avec une cuillère pour bien enrober les grains de matière grasse.

3. Verse le bouillon sur le quinoa. Couvre la casserole et baisse aussitôt le feu.

4. Laisse cuire **à feu doux** pendant environ 15 minutes. Le quinoa va peu à peu absorber le liquide.

5. Le quinoa est meilleur **très chaud**. Sers-le immédiatement.

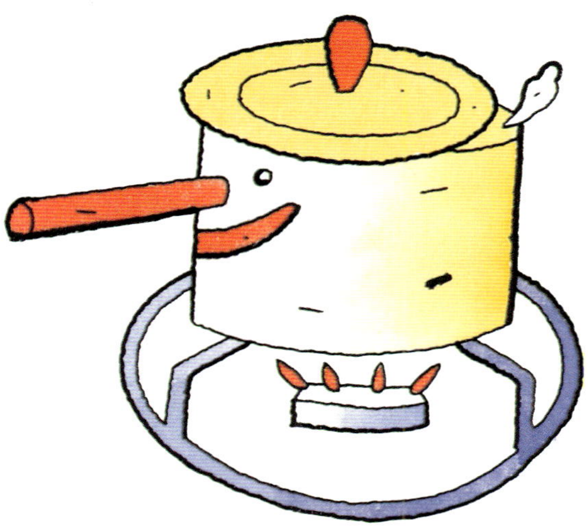

Idée gourmande

Le quinoa a un délicieux petit goût de noisette. Sers-le à la place du riz avec de la viande ou du poisson.

À grains ronds ou à grains longs, chaque riz a un goût particulier.

Temps de préparation
15 minutes

Temps de cuisson
25 minutes

Ustensiles
2 casseroles dont 1 à fond épais

Pour 4 à 6 personnes, il te faut :
2 verres de riz long
6 tasses d'eau
1 oignon
1 gousse d'ail
1/2 feuille de laurier
huile d'olive

sel, poivre

Riz pilaf

1. Épluche et hache l'ail et l'oignon.

2. Fais **chauffer** deux cuillères à soupe d'huile d'olive dans une casserole à fond épais.

3. **Verse** l'oignon et l'ail hachés et laisse-les blondir quelques minutes en **remuant** avec une cuillère en bois. Verse le riz et remue jusqu'à ce qu'il devienne transparent.

4. **Dans le même temps**, fais chauffer 6 tasses d'eau dans une autre casserole.

5. **Verse** l'eau chaude sur le riz, sale et poivre, ajoute la demi-feuille de laurier. Dès les premier bouillons, couvre la casserole, baisse le feu et laisse cuire **doucement** pendant environ 20 minutes. Le riz va peu à peu absorber le liquide.

6. **Ôte** le laurier et **sers** le riz bien chaud.

Le riz

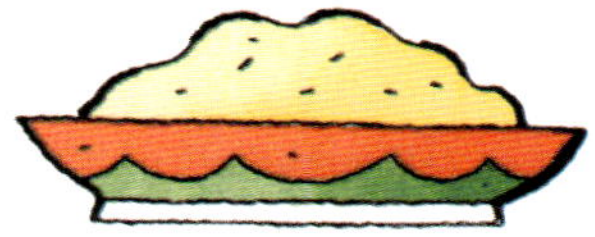

Risotto

Temps de préparation

5 minutes

Temps de cuisson

20 minutes

Ustensiles

2 casseroles

Pour 4 à 6 personnes, il te faut :

200 g de riz rond italien

1 litre de bouillon de volaille

40 g de parmesan râpé

20 + 30 g de beurre

sel, poivre

1. Fais doucement **réchauffer** le bouillon de volaille dans une casserole.

2. Fais **fondre** 20 g de beurre dans la casserole à fond épais et verse le riz. **Mélange** avec une cuillère pour bien enrober les grains de matière grasse.

3. Dès que les grains deviennent **transparents**, verse deux cuillères à soupe de bouillon de volaille chaud. Attends que le riz ait absorbé le bouillon puis **verse à nouveau** deux cuillerées à soupe de bouillon. Attention ! Le bouillon doit toujours rester bien chaud.

4. Continue ainsi jusqu'à ce que tu aies versé la **totalité** du bouillon. Le riz sera cuit après environ 15 minutes **à feu doux**.

5. **Ôte** la casserole du feu et **ajoute** le parmesan râpé et les 30 g de beurre. Ton mélange doit être bien **crémeux**. Goûte-le avant d'ajouter du sel et du poivre. Sers aussitôt.

Idée gourmande

Tu peux faire des risottos avec des champignons, des crevettes, des pointes d'asperge… Il suffit de les ajouter après le parmesan.

LE CONSEIL DU CHEF

Si le riz cuit a une consistance trop compacte, tu peux éventuellement ajouter encore un peu de bouillon.

On peut préparer les pâtes de 100 façons avec tout ce que l'on aime ou que l'on a chez soi.

Temps de préparation

10 minutes

Temps de cuisson

8 minutes

Ustensiles

1 grande marmite
1 passoire
1 grand bol
1 plat

Pour 4 personnes, il te faut :

350 g de spaghetti
200 g de thon au naturel
2 cuillères à soupe de tapenade (pâte d'olive noire)
2 cuillères à soupe de câpres
1 cuillère à soupe de persil haché
gros sel
poivre

Spaghetti au thon et aux olives

1. **Égoutte** le thon et verse-le dans un grand bol. **Émiette-le** avec une fourchette puis ajoute la tapenade et mélange le tout.

2. Fais chauffer une grande marmite d'eau. Quand tu verras les **premiers bouillons**, ajoute une pincée de gros sel, et verse les pâtes.

3. Laisse-les cuire selon le **temps indiqué** sur le paquet. Puis égoutte-les.

4. Dispose ensuite les pâtes dans un plat, **verse** le mélange de thon et de tapenade, poivre, et **mélange** bien le tout. Ajoute les câpres, si tu aimes, le persil haché et, éventuellement une cuillère à soupe d'eau de cuisson si la sauce te paraît trop sèche. **Sers aussitôt**.

LE CONSEIL DU CHEF

Ne couvre jamais la marmite pendant la cuisson des pâtes.

Idée gourmande

Tu peux remplacer le persil par du basilic.

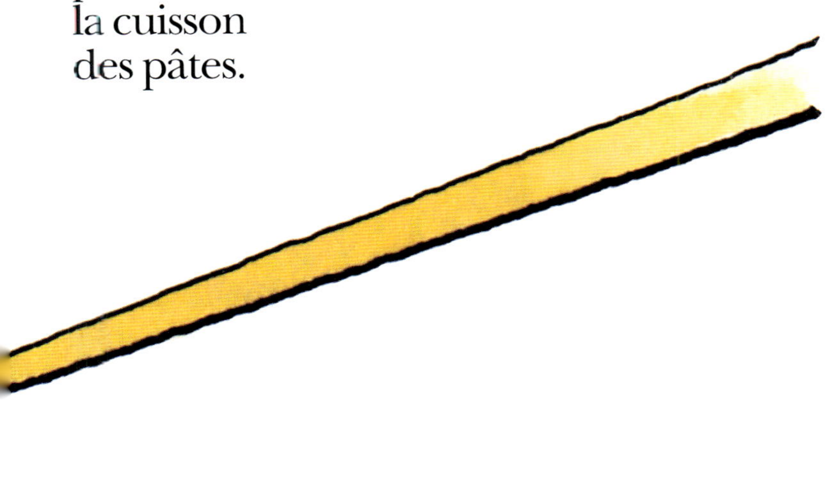

Le temps de cuisson des pâtes
varie selon leur grosseur, leur forme et leur composition.

Temps de préparation

10 minutes

Temps de cuisson

10 minutes

Ustensiles

1 casserole
1 grande marmite
1 passoire
1 plat

Pour 4 personnes, il te faut :

250 g de petits pois frais écossés
20 cl de crème fraîche
350 g de farfalle
parmesan ou comté râpé
1 cuillère à soupe d'aneth
gros sel
poivre

LE CONSEIL DU CHEF

Quand on ajoute un peu d'huile d'olive dans l'eau de cuisson, les pâtes ne collent pas !

Farfalle aux petits pois et à la crème

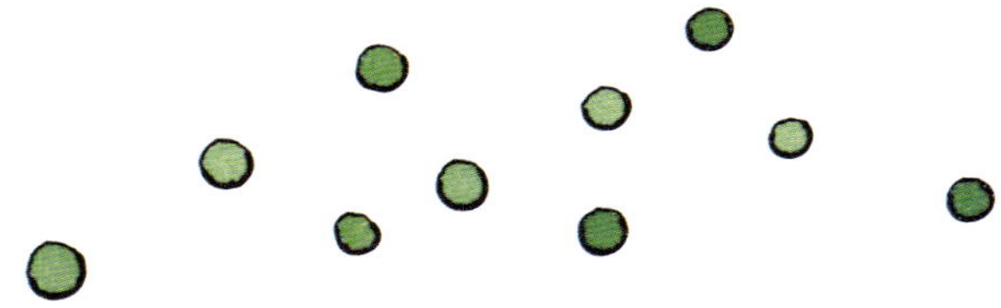

1. Fais chauffer une casserole d'eau salée. Dès que l'eau bout, **plonge** les petits pois et laisse-les cuire 10 minutes dans l'eau bouillante.

2. Puis **égoutte-les** dans une grande passoire.

3. Prépare maintenant les pâtes. Fais chauffer une grande marmite d'eau. Quand tu verras les **premiers bouillons**, ajoute une cuillère à café de gros sel et **verse** les pâtes.

4. Laisse-les cuire selon le **temps indiqué** sur le paquet. Puis égoutte les pâtes.

5. **Dispose** ensuite les pâtes dans un plat, **verse** la crème fraîche et les petits pois, saupoudre d'aneth et poivre. Mélange le tout et **sers aussitôt** accompagné d'un peu de parmesan ou de comté râpé.

Idée gourmande

Tu peux ajouter des morceaux de saumon fumé.

La sauce tomate fraîche est délicieuse et idéale pour accompagner toutes sortes de pâtes.

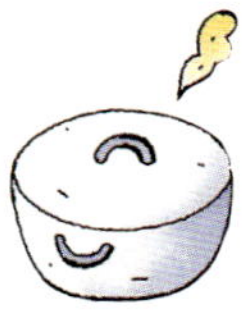

Temps de préparation:
20 minutes

Temps de cuisson:
40 minutes

Ustensiles
1 cocotte
1 râpe

Pour 4 personnes, il te faut :

6 tomates bien mûres ou 1 grosse boîte de tomates au naturel
1 carotte
1 oignon
1 gousse d'ail
2 cuillères à soupe de concentré de tomates
1 cuillère à café de sucre en poudre
thym
1 cube de bouillon de légumes
huile d'olive
gros sel,
poivre

LE CONSEIL DU CHEF

Le temps de cuisson dépend de la qualité des tomates : si elles contiennent beaucoup d'eau, la cuisson est plus longue.

Sauce tomate maison

1. Épluche l'ail et l'oignon. Hache-les.

2. Épluche la carotte, râpe-la.

3. Fais **chauffer** 2 cuillères à soupe d'huile d'olive dans une cocotte, puis **verse** l'oignon et l'ail hachés ainsi que la carotte râpée.

4. Fais-les **dorer** quelques instants.

5. **Lave** les tomates, coupe-les en deux et **découpe-les** en petits dés.

6. **Ajoute-les** dans la cocotte avec le concentré de tomates, la cuillère à café de sucre en poudre et le thym.

7. **Émiette** un quart de bouillon de légumes, et **saupoudre-le** sur les tomates.

8. Couvre la cocotte et laisse cuire **à feu doux** pendant 30 à 40 minutes tout en remuant de temps en temps.

Idée gourmande

Tu peux aussi faire revenir 250 g de bœuf haché dans une cocotte, avec un oignon haché et une pointe d'ail, puis les ajouter dans ta sauce tomate. Tu obtiendras ainsi une délicieuse sauce à la bolognaise !

Rien de plus agréable que de manger avec les doigts !

Croque-monsieur

Temps de préparation
10 minutes

Temps de cuisson
10 minutes

Ustensiles
quelques piques en bois
1 plaque du four
papier sulfurisé

Pour 4 personnes, il te faut :
2 tranches de jambon cru ou cuit
1 mozzarelle
4 feuilles de basilic frais (ou 1/2 cuillère à café d'herbes de Provence)
8 tranches de pain de mie

poivre

1. Sors la plaque du four et **préchauffe** le four à 210 °C (th. 7).

2. Découpe chaque tranche de jambon en deux.

3. Découpe la mozzarelle en fines tranches.

4. Rince les feuilles de basilic, essuie-les, puis découpe-les en petits morceaux avec les doigts.

5. Dépose une demi-tranche de jambon cru sur une tranche de pain de mie, **ajoute** une couche de mozzarelle puis **parsème** le dessus de feuilles de basilic hachées.

6. Poivre légèrement, puis dépose une deuxième tranche de pain de mie. **Mets une pique** en bois à chaque extrémité pour bien fermer le croque.

7. Fais **de même** pour les 3 autres croques.

8. Dépose les croques sur la plaque du four couverte d'un papier sulfurisé et mets **au four** pendant 5 minutes.

9. Au bout de 5 minutes, **retourne** les croques et remets les piques en bois de l'autre côté. Laisse cuire encore 5 minutes.

10. Sors les croques du four et déguste-les accompagnés d'une bonne salade de tomates.

Plats rapides

Pan-bagnat

Temps de préparation
10 minutes
+ 1 heure au frais

Pas de cuisson

Ustensiles
1 planche à découper

Pour 4 personnes, il te faut :
4 petits pains ronds
4 tomates
1/2 concombre
2 œufs
250 g de thon au naturel
1 quinzaine d'olives niçoises
4 feuilles de basilic
1 gousse d'ail
vinaigre
huile d'olive
sel, poivre

1. Plonge les œufs dans une casserole d'eau bouillante et laisse-les cuire **9 minutes.**

2. **Découpe** les pains en deux horizontalement. Ôte un peu de mie.

3. **Frotte** l'intérieur des pains avec la gousse d'ail épluchée si tu aimes.

4. **Dépose** quelques gouttes de vinaigre à l'intérieur des pains puis quelques gouttes d'huile d'olive.

5. **Sale** et **poivre**.

6. **Lave** les tomates et les feuilles de basilic, **essuie-les** puis découpe les tomates en quartiers et ôte les pépins. **Découpe** les feuilles de basilic avec les doigts.

7. **Épluche** les œufs durs et découpe-les en rondelles.

8. **Épluche** le concombre et découpe-le en fines tranches.

9. **Dispose** les quartiers de tomate, les tranches de concombre, les olives et le basilic sur la moitié inférieure de chaque pain.

10. **Émiette** un peu de thon par-dessus et ajoute les rondelles d'œuf dur. **Recouvre** avec le chapeau de chaque pain.

11. Laisse-les reposer au moins **une heure** avant de les savourer. Le pain pourra ainsi s'imprégner des parfums d'huile d'olive et de basilic.

Idée gourmande

Tu peux supprimer l'ail et remplacer le basilic du persil haché.

LES DESSERTS

Le quatre-quarts est un gâteau magique. 1/4 de farine, 1/4 de beurre, 1/4 de sucre, 1/4 d'œufs. La gourmandise, c'est vraiment facile !

Temps de préparation

20 minutes

Sors le beurre 30 minutes avant.

Temps de cuisson

30 minutes

Ustensiles

1 saladier
1 moule à gâteau à bord haut d'environ 22 cm de diamètre
1 spatule
1 batteur électrique

Pour 4 à 6 personnes, il te faut :

3 œufs moyens
2 verres de farine
2 verres de sucre en poudre
180 g de beurre
1 pincée de levure chimique

Quatre-quarts

1. **Sors le beurre** du réfrigérateur au moins **30 minutes avant** de préparer le gâteau.

2. **Préchauffe** le four à 150 °C (th. 5).

3. **Beurre** soigneusement le moule.

4. Dépose le beurre dans un saladier et **travaille-le** avec une spatule.

5. **Verse** le sucre sur le beurre et mélange jusqu'à ce qu'ils deviennent **blancs** et **crémeux**. Tu peux utiliser ton batteur électrique.

6. **Ajoute** les œufs et **mélange** bien.

7. **Ajoute** la farine et la levure dans le saladier et **mélange** parfaitement avec le batteur.

8. **Verse** la pâte dans le moule et mets au four pendant environ 30 minutes à 190°.

9. Tu pourras **vérifier la cuisson** en piquant l'intérieur du gâteau avec la pointe d'un couteau : si elle ressort sèche, le quatre-quarts est cuit !

10. À la sortie du four, laisse-le **tiédir** avant de le démouler, puis fais-le refroidir.

Idée gourmande

Tu peux parfumer ton quatre-quarts avec le zeste râpé d'un demi-citron ou d'une orange non traités, ou avec une cuillère à café de vanille liquide.

Tout le monde aime les desserts au chocolat. Ils sont faciles à réussir, mais il faut les préparer à l'avance !

Crème au chocolat

Temps de préparation

10 minutes

+ 2 heures au frais

Temps de cuisson

10 minutes

Ustensiles

2 casseroles
1 bol
1 saladier

Pour 4 personnes, il te faut :

50 cl de lait entier
2 jaunes d'œufs
40 g de maïzena
70 g de sucre en poudre
100 g de chocolat noir pâtissier
30 g de beurre

1. **Découpe** le beurre en petits dés et laisse-les doucement ramollir.
2. **Casse** le chocolat en morceaux et dépose-le dans un bol.
3. Prépare un **bain-marie** : fais chauffer une grande casserole remplie d'eau à mi-hauteur. Attention, il ne faut pas que l'eau bouille !
4. Dès que l'eau frémit, dépose le bol de chocolat dans la casserole. Laisse le chocolat **fondre doucement** à petit feu.
5. **Verse** la maïzena, le sucre en poudre et les jaunes d'œufs dans une autre casserole.
6. **Ajoute** peu à peu le lait froid tout en remuant avec une cuillère. Ajoute ensuite le chocolat fondu.
7. Fais **doucement** chauffer le mélange sans cesser de remuer, jusqu'à l'ébullition.
8. **Ôte** aussitôt la casserole du feu et ajoute les dés de beurre. **Mélange** bien avec la cuillère.
9. Laisse **refroidir** la crème, verse-la dans un saladier, puis mets-la au réfrigérateur **pendant deux heures**.

Les chocolats

Mousse au chocolat

Temps de préparation

10 minutes

+ 2 heures au frais

Ustensiles

2 saladiers
1 batteur électrique
1 grande casserole
1 bol
1 spatule
film alimentaire

Pour 4 personnes, il te faut :

200 g de chocolat noir pâtissier
6 œufs extra-frais

1 pincée de sel
70 g de sucre glace

1. **Casse** le chocolat en morceaux et mets-le dans un bol.

2. Prépare un **bain-marie** : fais chauffer une grande casserole remplie d'eau à mi-hauteur. Attention, il ne faut pas que l'eau bouille ! Dès que l'eau frémit, dépose le bol de chocolat dans la casserole. Laisse le chocolat **fondre doucement** à petit feu.

3. **Casse** les œufs. Mets les blancs dans un saladier et les jaunes dans un autre.

4. Ôte la casserole du feu. **Mélange** bien le chocolat avec une cuillère.

5. **Ajoute** le sucre aux jaunes d'œufs, mélange puis verse le chocolat.

6. Mets une petite pincée de sel dans les blancs d'œufs et monte-les **en neige bien ferme** avec le fouet de ton batteur électrique.

7. **Incorpore doucement** les blancs en neige dans le chocolat. Mélange délicatement avec une spatule.

8. **Couvre** le saladier d'un film alimentaire et mets-le au réfrigérateur **pendant 2 heures**. Sers la mousse très fraîche.

LE CONSEIL DU CHEF

Le chocolat doit fondre très doucement. Ne le mélange pas avec les œufs quand il est trop chaud.

N'oublie pas de manger du chocolat, c'est bon pour la mémoire !

Temps de préparation

25 minutes

Sors le beurre
1 heure avant.

Temps de cuisson

35 minutes

Ustensiles

1 grande casserole
1 bol
2 saladiers
1 moule à gâteau à bord haut d'environ 22 cm de diamètre
1 batteur électrique

Pour 4 à 6 personnes, il te faut :

125 g de chocolat noir
125 g de sucre en poudre
125 g de beurre
125 g de farine
5 œufs
50 g de noix de coco râpée
1 pincée de sel fin
sucre glace

Gâteau au chocolat

1. **Sors** le beurre du réfrigérateur environ 1 heure avant de préparer la recette et **découpe-le** en dés.

2. **Casse** le chocolat en morceaux dans un saladier.

3. Prépare un **bain-marie** : fais chauffer une grande casserole remplie d'eau à mi-hauteur. Attention, il ne faut pas que l'eau bouille !

4. Pose le saladier de chocolat dans la casserole. Laisse le chocolat **fondre doucement**.

5. Puis **ôte** le saladier du bain-marie et **mélange** bien le chocolat avec une cuillère. **Préchauffe** le four à 180 °C (th. 6).

6. **Casse** les œufs et **sépare** les blancs et les jaunes. Mets les blancs dans un grand saladier et les jaunes dans un bol.

LE CONSEIL DU CHEF

Choisis un “chocolat pâtissier” contenant au moins 60% de cacao.

7. **Verse** les dés de beurre mou, les jaunes d’œufs avec le sucre en poudre et la farine dans le chocolat tiède et **mélange bien** avec une cuillère.

8. **Ajoute** une petite pincée de sel fin dans les blancs d’œufs et monte-les **en neige ferme** avec ton batteur électrique.

9. **Incorpore délicatement** avec une spatule les blancs en neige dans la pâte.

10. **Beurre** le moule et **saupoudre** les parois de noix de coco râpée.

11. **Verse** la pâte dans le moule et mets-le au four pendant environ 35 minutes.

12. La cuisson terminée, **attends** 5 minutes avant de démouler le gâteau. Tu peux le servir froid, saupoudré d’un peu de sucre glace.

Idée gourmande

Tu peux ajouter une cuillère à soupe de zeste d’orange non traitée dans ta pâte, ou des amandes hachées.

Le crumble est un dessert anglais délicieux que l'on peut préparer avec toutes sortes de fruits.

Crumble aux pommes

Temps de préparation
15 minutes

Temps de cuisson
30 minutes

Ustensiles
3 grands bols
1 plat à gratin

Pour 4 à 6 personnes, il te faut :
1,5 kg de pommes
150 g de farine
110 g + 4 cuillères à soupe de sucre roux en poudre
110 g + 20 g de beurre
1 pincée de sel
gingembre
cannelle

1. **Préchauffe** le four à 210 °C (th. 7).

2. **Épluche** les pommes et coupe-les en quatre. Ôte le cœur et les pépins avec un petit couteau. Puis dépose-les dans un grand bol.

3. Dans un autre bol, **mélange** du bout des doigts les 110 g de sucre roux, les 110 g de beurre, la farine et le sel.

4. **Verse** 4 cuillères à soupe de sucre, le gingembre en poudre et la cannelle en poudre dans un autre bol et **mélange bien** le tout.

5. **Saupoudre** les pommes avec le sucre épicé.

6. **Beurre** le plat à gratin.

7. **Range** les pommes au fond du plat. **Couvre-les** du mélange farine-beurre-sucre.

8. Mets **au four** pendant environ 30 minutes. Sers ton crumble **tiède**, accompagné de crème fraîche ou d'une glace à la vanille.

LE CONSEIL DU CHEF

Si tu aimes le crumble très croustillant, ajoute 4 cuillères à soupe de muesli dans le mélange farine-beurre-sucre.

Les pommes

Pommes au four

Temps de préparation

10 minutes
+ 1 heure à l'avance

Temps de cuisson

30 minutes

Ustensiles

2 bols
1 plat à gratin
1 vide-pommes

Pour 4 à 6 personnes, il te faut :

6 belles pommes de type reinette
le jus d'une orange
6 noisettes de beurre salé
50 g de raisins secs
10 cuillères à café de sucre roux en poudre
1 pincée de cannelle en poudre
1 pincée de gingembre en poudre

1. **Une heure avant** de faire la recette, mets les raisins secs dans un bol, arrose-les de jus d'orange et laisse-les **mariner**.

2. **Préchauffe** le four à 200 °C (th. 7). **Lave** les pommes, essuie-les. Puis ôte délicatement le cœur et les pépins avec un vide-pommes.

3. **Mélange** dans un bol le sucre en poudre, la cannelle et le gingembre.

4. **Range** les pommes dans le plat à gratin.

5. **Remplis** le cœur de chaque pomme d'une noisette de beurre salé, puis **ajoute** les raisins à l'orange.

6. **Saupoudre** les pommes de sucre épicé.

7. **Verse** 2 cuillères à soupe d'eau dans le fond de ton plat et mets au four pendant 30 minutes environ.

8. Pendant la cuisson, **arrose** plusieurs fois les pommes de leur jus de cuisson. Ainsi, elles resteront bien **moelleuses** ! Les pommes au four sont meilleures tièdes.

Idée gourmande

Invente d'autres recettes de pommes au four en prenant du miel ou de la confiture. Essaie avec plusieurs confitures. Ou même avec un carré de chocolat.

LE CONSEIL DU CHEF

Choisis de préférence des pommes qui tiennent bien à la cuisson. Les pommes reinettes sont parfaites.

Temps de préparation

15 minutes
Sors le beurre 1 heure avant.

Temps de cuisson

1 heure

Ustensiles

1 saladier
1 grand bol
1 batteur électrique
1 moule à cake

Pour 4 à 6 personnes, il te faut :

250 g de farine
150 + 20 g de beurre
125 g de sucre en poudre
3 œufs
1/2 sachet de levure chimique
1 cuillère à café de cannelle en poudre
1 cuillère à café de quatre-épices

Les épices sont merveilleuses en cuisine. Elles permettent de varier les saveurs.

Cake aux épices

1. Sors le beurre du réfrigérateur environ **1 heure avant** de réaliser la recette.

2. Préchauffe le four à 180 °C (th. 6).

3. Casse les œufs dans un grand bol, puis ajoute le sucre en poudre et les 150 g de beurre. **Mélange** le tout avec ton batteur électrique. Ton mélange va devenir légèrement **mousseux**.

4. Mélange la farine, la levure, la cannelle et les quatre-épices dans un saladier.

5. Verse le contenu du bol dans le saladier et mélange avec une cuillère en bois, jusqu'à ce que la pâte devienne bien **lisse**.

6. Beurre soigneusement le moule et verse la pâte.

7. Mets **au four** pendant environ 1 heure.

8. Laisse **refroidir** le cake environ 5 minutes avant de le démouler.

Idée gourmande

Tu peux rajouter 80 g de pépites de chocolat dans ta pâte.

Temps de préparation

15 minutes
+ 2 heures au frais

Temps de cuisson

12/15 minutes

Ustensiles

2 saladiers
1 batteur électrique
1 petite casserole à fond épais
1 spatule
1 moule à madeleines

Pour 4 à 6 personnes, il te faut :

150 g + 20 g de beurre
5 œufs
200 g de sucre semoule
200 g de farine
1 pincée de sel fin

Les madeleines sont cuites dans des petits moules en forme de coquillages. Elles gonflent sur le dessus et gardent l'empreinte de la coquille.

Idée gourmande

Tu peux parfumer les madeleines avec le zeste d'une demi-orange râpée, ou quelques gouttes de vanille liquide ou de fleur d'oranger.

Madeleines

1. Casse les œufs et **sépare** les blancs et les jaunes dans deux saladiers différents.

2. Ajoute une petite pincée de sel fin dans les blancs et monte-les **en neige** avec ton batteur électrique.

3. Mélange les jaunes et le sucre dans l'autre saladier.

4. Fais fondre **très doucement** les 150 g de beurre dans une petite casserole.

5. Mélange le beurre fondu avec les jaunes d'œufs et le sucre.

6. Incorpore peu à peu à ce mélange la farine puis les blancs en neige avec une spatule

7. Lisse bien la pâte et dépose-la dans un endroit frais pendant environ **2 heures**.

8. Préchauffe le four à 230 °C (th. 8-9). **Beurre** soigneusement les moules à madeleine, puis **saupoudre-les** d'un peu de farine.

9. Remplis chaque moule aux trois quarts avec une cuillère.

10. Mets au four pendant 5 minutes puis **baisse** la chaleur du four à 200 °C (th. 7) et laisse cuire encore 7 à 10 minutes. **Surveille** bien tes madeleines. Elles doivent devenir dorées, mais ne pas noircir !

11. Démoule les madeleines et laisse-les **refroidir**. Si tu les ranges dans une boîte en fer, elles se conserveront très bien pendant plusieurs jours.

Le gâteau roulé est un gâteau que l'on peut fourrer de confiture, de nutella…

Temps de préparation
20 minutes

Temps de cuisson
25 minutes

Ustensiles
2 saladiers
1 grand moule carré
1 spatule
1 batteur électrique
1 torchon propre

Pour 4 personnes, il te faut :
3 œufs
30 g de farine
50 g de maïzena
125 g de sucre semoule
1 pot de gelée de groseilles
 1 pincée de sel
beurre
sucre glace

LE CONSEIL DU CHEF

Pour que ton biscuit ne se casse pas, roule-le très vite après la sortie du four et n'hésite pas à serrer. Mais fais attention à ne pas te brûler !

Gâteau roulé

1. **Préchauffe** le four à 175 °C (th. 6).

2. **Casse** les œufs. Mets les blancs dans un saladier et les jaunes dans un autre.

3. **Verse** le sucre sur les jaunes d'œufs, et mélange bien avec le fouet de ton batteur électrique pendant quelques minutes. Le mélange va devenir plus clair et légèrement mousseux.

4. **Ajoute peu à peu** la farine et la maïzena au mélange sucre-jaunes d'œufs. Mélange bien.

5. Monte les blancs d'œufs **en neige**. Pour cela, ajoute une petite pincée de sel fin et sers-toi du fouet de ton batteur électrique. Incorpore-les en trois fois.

6. **Beurre** le moule et dépose la pâte de ton biscuit roulé. **Lisse** bien le dessus avec une spatule pour que l'épaisseur de la pâte soit la même partout.

7. Mets au four pendant 20 à 30 minutes. Puis **sors** ton gâteau du four et **retourne-le** sur un torchon propre humide.

8. Attends un peu pour ne pas te brûler, puis **roule-le** sur lui-même en un gros boudin et **déroule-le** aussitôt.

9. **Couvre-le** d'une couche de gelée et roule de nouveau le gâteau en un boudin bien serré.

10. Laisse **refroidir** le gâteau. Avant de servir, saupoudre-le d'un peu de sucre glace.

Idée gourmande

Tu peux ajouter sur la gelée de groseilles, quelques groseilles fraîches ou même des fraises découpées en tranches.

Le clafoutis est préparé à partir d'une pâte à crêpes. Tu peux confectionner des clafoutis avec toutes sortes de fruits.

Temps de préparation
20 minutes

Temps de cuisson
30 minutes

Ustensiles
1 petite casserole
1 saladier
1 passoire
1 plat à gratin

Pour 4 à 6 personnes, il te faut :
600 g de cerises
100 g de farine
4 œufs
60 g de sucre en poudre
20 cl de lait
40 + 20 g de beurre
1 sachet de sucre vanillé
1 pincée de sel
sucre glace

Clafoutis

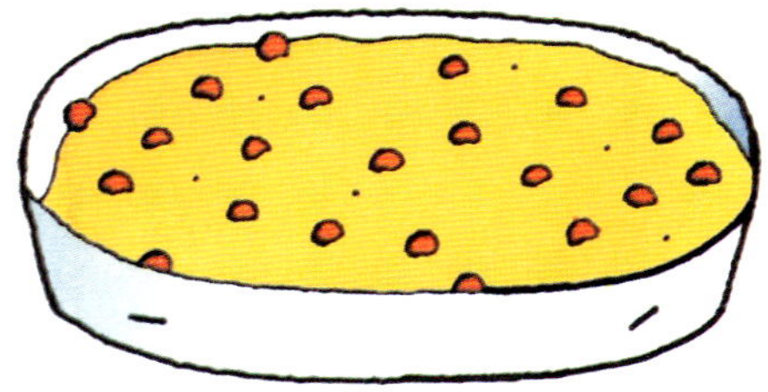

1. **Lave** rapidement les cerises à l'eau fraîche, ôte les queues et mets-les à égoutter.

2. **Préchauffe** le four à 210 °C (th. 7).

3. Fais **fondre** 40 g de beurre dans la casserole **à feu très doux** puis ôte aussitôt la casserole du feu.

4. **Verse** dans un saladier la farine, le sucre en poudre, la pincée de sel et le sucre vanillé. **Mélange** bien avec une cuillère.

5. Incorpore les œufs **un à un** tout en remuant avec la cuillère.

6. **Verse** ensuite peu à peu le lait sans cesser de mélanger, puis ajoute le beurre fondu. Ta pâte doit être bien **lisse**.

7. **Beurre** soigneusement le plat à gratin et dépose les cerises dans le fond du plat.

8. **Verse** la pâte à clafoutis sur les cerises.

9. Mets **au four** pendant environ 30 minutes. Le dessus du clafoutis va prendre une belle couleur dorée.

10. Laisse **refroidir** le clafoutis avant de le servir. Tu peux aussi le servir tiède, c'est délicieux !

LE CONSEIL DU CHEF

Choisis un joli moule pour ton clafoutis et sers-le directement sur la table. Mais attention aux noyaux !

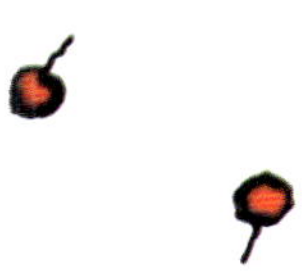

Idée gourmande

Tu peux saupoudrer ton clafoutis avec du sucre glace.

Temps de préparation

25 minutes

Sors le beurre 1 heure avant.

Temps de cuisson

10 minutes

Ustensiles

1 saladier
1 grand bol
1 fouet
1 petit plat à gratin
1 spatule

Pour 4 personnes, il te faut :

4 belles pêches
1 œuf
40 g + 20 g de beurre
80 g de poudre d'amandes
80 g de sucre glace
10 cl de crème fraîche liquide

Tous les fruits de l'été peuvent se préparer en gratin.

Gratin de pêches

1. **Sors** le beurre du réfrigérateur **une heure avant** de réaliser la recette.

2. **Pèle** les pêches avec un petit couteau.

3. **Découpe-les** en tranches.

4. **Préchauffe** le four en position gril.

5. **Dépose** les 40 g de beurre ramolli dans un saladier avec le sucre glace et la poudre d'amandes. **Mélange** bien le tout avec une spatule.

6. **Ajoute** l'œuf et mélange encore.

7. **Verse** la crème fraîche dans le grand bol et **fouette-la** rapidement.

8. **Ajoute** cette crème fouettée dans le mélange beurre-sucre-œufs-poudre d'amandes et mélange jusqu'à ce que la consistance soit lisse.

9. **Beurre** soigneusement le plat à gratin.

10. **Verse** la crème d'amandes dans le plat puis **range** les tranches de pêche sur cette crème.

11. Mets **au four** pendant environ 10 minutes en surveillant que ton gratin dore sans brûler.

LE CONSEIL DU CHEF

Si tu n'as pas de poudre d'amandes tu peux aussi réaliser la recette juste avec le mélange œufs-crème.

Idée gourmande

Tu peux réaliser de la même manière des gratins de fraises, de poires, d'abricots, de framboises…

La charlotte aux fruits est un vrai gâteau de fête, très beau, très bon et très facile à réaliser.

Temps de préparation

15 minutes

À préparer la veille

Pas de cuisson

Ustensiles

1 moule à charlotte

1 fouet

Pour 4 personnes, il te faut :

500 g de fraises et de framboises mélangées

400 g de fromage blanc frais

80 g de sucre en poudre

2 sachets de sucre vanillé

25 cl de jus d'orange frais

30 biscuits à la cuillère

Charlotte

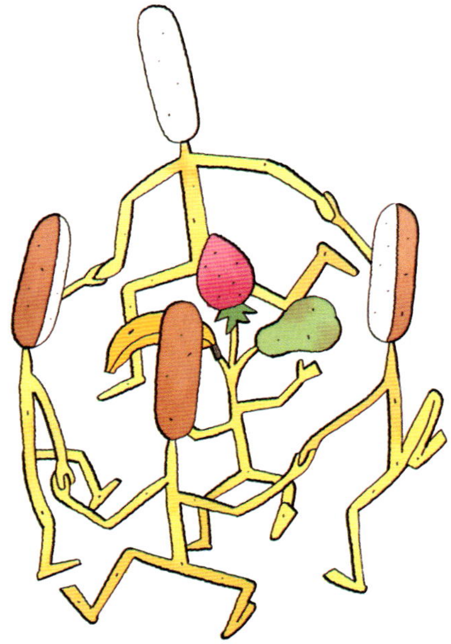

1. Prépare ta charlotte **la veille**. **Trempe** un à un les biscuits à la cuillère dans le jus d'orange. Attention, il ne faut pas les tremper trop longtemps, sinon ils risqueraient d'être trop mous !

2. **Tapisse** le fond et les parois du moule avec les biscuits. Veille à bien serrer les biscuits les uns contre les autres.

3. **Fouette** le fromage frais, le sucre en poudre et le sucre vanillé.

4. Passe **rapidement** les fraises et les framboises sous un filet d'eau fraîche, puis ôte les queues. **Coupe** les fraises en deux.

5. **Dépose** la moitié des fraises et des framboises dans le fond de la charlotte.

6. **Verse** la moitié du fromage frais sur les fruits.

7. **Ajoute** une couche de biscuits à la cuillère trempés dans le jus d'orange.

8. Puis **ajoute** le reste de fraises et de framboises et verse le reste de fromage frais.

9. **Termine** par une couche de biscuits à la cuillère.

10. **Couvre** la charlotte et mets-la au réfrigérateur **pendant une nuit**.

11. Le lendemain, **démoule-la** sur un joli plat au moment de servir.

LE CONSEIL DU CHEF

Pour que ta charlotte soit belle, place les biscuits à la cuillère face bombée contre la paroi du moule.

Idée gourmande

Tu peux la décorer de sucre glace ou d'une fine couche de fromage blanc frais et de quelques fruits rouges.

Les goûters de fête

LES GOÛTERS DE FÊTE

Avec des bâtonnets de légumes, amuse-toi à composer des entrées colorées pour l'apéritif !

Guacamole

Temps de préparation
15 minutes

Pas de cuisson

Ustensiles
1 grand bol

Pour 4 personnes, il te faut :
3 avocats mûrs
le jus d'un citron
sel, poivre
1/2 oignon
piment (si tu aimes)

1. Coupe les **avocats** en deux, ôte les noyaux et **épluche**-les.

2. **Dépose** la pulpe d'avocat dans un grand bol et **ajoute** le jus de citron et l'oignon haché, si tu aimes. **Sale**, poivre et mélange bien le tout. Tu peux aussi ajouter un peu de piment.

Hoummous

Temps de préparation
15 minutes

Prévoir 1 heure au frais.

Pas de cuisson

Ustensiles
1 saladier
1 grand mixeur

Pour 4 à 6 personnes, il te faut :
250 g de pois chiches cuits au naturel
le jus d'1/2 citron
2 cuillères à soupe de sauce au sésame (tahini)
huile d'olive
paprika en poudre
sel, poivre

1. **Verse** les pois chiches, le jus de citron, la sauce au sésame dans le bol d'un mixeur. **Mixe** le tout finement. Sale et poivre.

2. Si ton mélange manque d'onctuosité, **ajoute** un peu d'eau et mélange bien.

3. Verse le mélange dans un saladier, **couvre-le** d'un filet d'huile d'olive et mets-le au frais pendant **1 heure**. Sers ce hoummous saupoudré d'un peu de paprika.

Apéritifs multicolores

Bâtonnets de légumes

Temps de préparation

1 heure

Pas de cuisson

Ustensiles

1 passoire
1 planche à découper

Pour 4 à 6 personnes, il te faut :

 1 barquette de tomates cerises
 3 grosses carottes
1/2 chou-fleur
3 branches de céleri
1 concombre
3 pommes bien fermes
 1 jus de citron

1. **Épluche** les carottes, le concombre, le céleri et les pommes, puis **lave**-les à l'eau fraîche et mets-les à égoutter.

2. **Découpe** le concombre, les carottes et les branches de céleri en bâtonnets.

3. **Coupe** les pommes en quatre, ôte le cœur et les pépins, puis découpe-les en tranches. **Arrose-les** d'un filet de citron.

4. **Découpe** le chou-fleur en petits bouquets.

5. **Dispose** les légumes et les pommes sur une grande assiette ou dans un panier, et sers-les avec le **guacamole** et le **hoummous**.

Le secret d'un bon pain : bien pétrir la pâte, bien la laisser reposer et bien surveiller la cuisson !

Temps de préparation

2 heures
pour que la pâte lève.

Temps de cuisson

20 minutes

Ustensiles

1 bol
1 grand saladier
1 robot
1 plaque du four couverte d'un papier sulfurisé

Pour 4 à 6 personnes, il te faut :

250 g de farine blanche
100 g de farine complète
1 sachet de levure sèche
2 cuillères à café de sucre en poudre

2 cuillères à café de sel fin
1 cuillère à café de beurre
1 verre d'eau
2 cuillères à soupe d'eau tiède

LE CONSEIL DU CHEF

La pâte lève plus facilement dans une endroit chaud et humide.
Il faut la laisser lever une deuxième fois après l'avoir pétrie légèrement pour chasser les bulles d'air.

Pains fantaisie

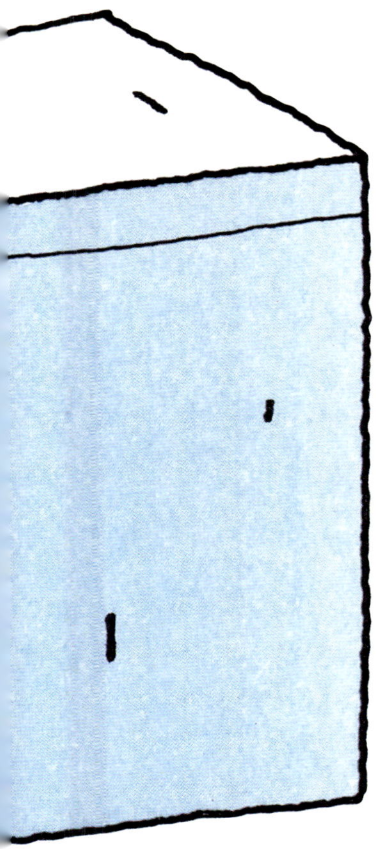

1. **Verse** la levure dans un bol avec deux cuillères à soupe d'eau tiède et **laisse-la gonfler** pendant une douzaine de minutes.

2. **Verse** dans le bol de ton robot les deux farines, la levure, le sucre, le sel et le beurre et **mélange** le tout avec la lame de ton robot. Verse peu à peu l'eau, jusqu'à ce que la pâte devienne lisse.

3. **Ôte** la pâte à pain du bol du robot, dépose-la dans un saladier et **couvre-la** d'un linge.

4. Mets la pâte dans un endroit chaud de la maison et sans courant d'air. **Laisse-la gonfler** tranquillement pendant environ 30 minutes.

5. Puis **travaille** la pâte avec les doigts pendant 3 à 4 minutes et forme des petits pains ronds.

6. Sors la plaque du four. Recouvre-la d'un papier sulfurisé et **dispose** dessus les petits pains.

7. Laisse les de nouveau **lever pendant une heure**.

8. **Préchauffe** le four à 210 °C (th. 7) pendant 15 minutes environ. **Badigeonne** d'un peu d'eau le dessus des pains. Puis dépose un petit bol d'eau dans le bas de ton four et mets les pains à cuire pendant 20 minutes environ.

9. Laisse-les **refroidir** hors du four avant de les servir.

Idée gourmande

Tu peux ajouter 150 g de noix hachées ou 200 g d'olives noires dénoyautées, ou encore 200 g de lardons à ta pâte, avant de la cuire.

Pour avoir une bonne tartine, il faut d'abord choisir un bon pain !

Tartines jambon-cantal

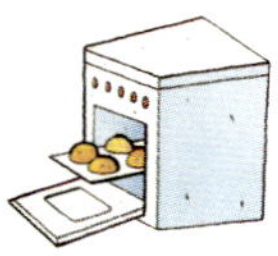

Temps de préparation
10 minutes

Temps de cuisson
5 minutes

Ustensiles
1 planche à découper
1 plaque du four
papier sulfurisé

Pour 4 personnes, il te faut :
4 tranches de pain de campagne
4 tranches de jambon de pays
120 g de cantal

poivre

1. Préchauffe le four en position gril.

2. Dépose une tranche de jambon sur chaque tranche de pain.

3. Découpe le cantal en morceaux très fins et **couvre** les tranches de jambon avec.

4. Poivre légèrement chaque tartine.

5. Dépose les tartines sur une plaque du four et mets à cuire 5 minutes environ, le temps que le fromage **fonde**.

6. Sers aussitôt les tartines.

Les tartines

Tartines au poulet

Temps de préparation
20 minutes
– 1 heure au frais

Pas de cuisson

Ustensiles
1 saladier
1 planche
à découper
film alimentaire

Pour 4 personnes, il te faut :
4 tranches
d'un gros pain
de campagne
2 blancs de
poulet déjà cuits
250 g de fromage
blanc frais
1 cuillère à soupe
de crème fraîche
1 bouquet de
fines herbes
huile d'olive
vinaigre
sel,
poivre

1. **Lave** les fines herbes à l'eau fraîche et essuie-les.

2. **Hache-les** finement avec un couteau. **Garde** une cuillère à soupe de fines herbes hachées pour la décoration.

3. **Verse** le fromage blanc, la crème fraîche et les fines herbes dans un saladier.

4. **Sale** et **poivre** légèrement.

5. **Ajoute** une cuillère à soupe d'huile d'olive et 1/2 cuillère à soupe de vinaigre. **Mélange** bien le tout, couvre d'un film alimentaire et mets au réfrigérateur **pendant 1 heure**.

6. **Découpe** les blancs de poulet en fines lanières avec un petit couteau.

7. **Répartis** les lanières de poulet sur les tranches de pain.

8. **Couvre** d'une couche épaisse de fromage blanc.

9. **Parsème** de quelques brins de fines herbes et sers aussitôt.

Pour avoir de belles crêpes dorées, il faut bien huiler la poêle et bien la chauffer.

Crêpes sucrées

Temps de préparation

10 minutes

+ 2 heures au frais

Temps de cuisson

1 minute de chaque côté

Ustensiles

1 grand saladier
1 grande poêle à crêpes
1 petite louche
film alimentaire

Pour 4 personnes, il te faut :

1/2 l de lait
250 g de farine
3 œufs
1 cuillère à soupe d'huile
25 g de sucre en poudre
1 pincée de sel

1. Verse la farine dans un saladier, puis **creuse** un petit puits.

2. **Casse** les œufs dans le puits. **Ajoute** l'huile, la pincée de sel et le sucre.

3. Ajoute **peu à peu** le lait en remuant avec une cuillère en bois.

4. **Mélange** énergiquement ta pâte jusqu'à ce qu'elle soit bien **lisse**.

5. **Couvre** le saladier d'un film alimentaire et laisse la pâte reposer **2 heures** au réfrigérateur.

6. Puis prépare les **crêpes** : graisse l'intérieur de la poêle avec du papier absorbant imbibé d'huile et mets ta poêle à crêpes à chauffer à feu moyen.

7. Dès que la poêle est bien chaude, mais non fumante, **verse** une petite louche de pâte et recouvre entièrement le fond en secouant la poêle.

8. Quand les bords de la crêpe se soulèvent et se détachent bien de la poêle, **retourne-la** avec une assiette ou en la faisant sauter en l'air… si tu y arrives !

9. Laisse-la **dorer** de l'autre côté, puis dépose-la dans une assiette et couvre-la d'un linge.

10. Prépare les autres crêpes de la même manière. Sers-les **saupoudrées** d'un peu de sucre ou bien avec de la confiture ou du chocolat fondu.

Crêpes

Crêpes salées

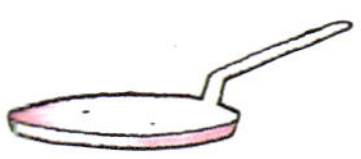

Temps de préparation

10 minutes

+ 2 heures au frais

Temps de cuisson

2 minutes de chaque côté

Ustensiles

1 grand saladier
1 grande poêle à crêpes
1 petite louche
film alimentaire

Pour 4 à 6 personnes, il te faut :

250 g de farine de sarrasin
25 cl d'eau
10 g de sel fin
6 œufs
jambon
gruyère

1. Verse la farine et la pincée de sel dans un saladier.

2. Ajoute peu à peu l'eau tout en remuant avec une cuillère en bois.

3. Mélange bien ta pâte jusqu'à ce qu'elle soit parfaitement lisse. **Bats-la** au moins 5 minutes !

4. Couvre le saladier d'un film alimentaire et laisse la pâte reposer **2 heures** au réfrigérateur.

5. Puis **prépare la poêle** : graisse l'intérieur avec du papier absorbant imbibé d'huile et mets ta poêle à crêpes à chauffer à feu moyen.

6. Dès que la poêle est bien chaude, mais non fumante, **verse** une petite louche de pâte et recouvre entièrement le fond en secouant la poêle. Quand les bords de la crêpe se soulèvent et se détachent bien de la poêle, **retourne-la** avec une assiette ou en la faisant sauter en l'air, si tu y arrives !

7. Laisse-la **dorer** de l'autre côté, puis dépose-la dans une assiette et couvre-la d'un torchon. Prépare les autres crêpes de la même manière.

8. Pour les **garnir**, il te suffit de réchauffer chaque crêpe dans la poêle avec un œuf ou 1/2 tranche de jambon et 1 cuillère à soupe de gruyère… Ou encore les trois ensemble ! À toi de jouer !

LE CONSEIL DU CHEF

Pour fermer les crêpes, replie les côtés vers le centre et sers-les façon crêperie bretonne !

Pour Noël, découpe tes petits sablés en forme d'étoile pour les accrocher sur le sapin.

Petits sablés

Temps de préparation

20 minutes

Prépare la pâte la veille

Temps de cuisson

12 minutes

Ustensiles

1 grand saladier
1 rouleau à pâtisserie
1 plaque du four couverte d'un papier sulfurisé
des emporte-pièces en étoiles
film alimentaire
1 pinceau

Pour 1 kg de biscuits, il te faut :

400 g de farine
200 g de sucre
150 g d'amandes en poudre
250 g de beurre
2 œufs entiers + 3 jaunes
2 sachets de sucre vanillé
sel fin

1. La pâte doit être faite la **veille**. **Sors** le beurre du réfrigérateur **1 heure avant**.

2. **Mélange** le beurre et le sucre en poudre dans un grand saladier. Le mélange va légèrement **blanchir**.

3. **Verse** la farine, une pincée de sel, la poudre d'amandes et le sucre vanillé puis ajoute les deux œufs entiers tout en continuant de **remuer**.

4. **Roule** la pâte en une boule, enveloppe-la dans un film alimentaire et mets-la au frais **une nuit**.

5. Le lendemain, **étale** la pâte et **découpe-la** avec les emporte-pièces, ou en inventant des formes.

6. Sors la plaque du four et **préchauffe** le four à 180 °C (th. 6).

7. **Dépose** les biscuits sur la plaque du four recouverte du papier sulfurisé puis **badigeonne-les** d'un peu de jaune d'œuf battu avec le pinceau (ou une cuillère).

8. Mets les biscuits à **cuire** pendant une douzaine de minutes. **Surveille** bien la cuisson : ils doivent légèrement dorer.

9. Sors la plaque du four et laisse les biscuits **refroidir**. Tu pourras les **conserver** plusieurs jours, rangés dans une boîte à biscuits.

LE CONSEIL DU CHEF

Utilise les blancs qui te restent pour préparer des petites meringues.

Gâteaux rigolos

Meringues

Temps de préparation

15 minutes

Temps de cuisson

55 minutes

+ 1 heure à four éteint

Ustensiles

2 grands bols
1 plaque du four couverte d'un papier sulfurisé
1 batteur électrique

Pour 10 meringues, il te faut :

- 2 œufs
- 2 sachets de sucre vanillé
- 1 grosse cuillère à soupe de sucre en poudre
- 70 g de sucre glace
- 1 pincée de sel

1. Sors la plaque du four et **préchauffe** le four à 90 °C (Th. 3).

2. **Casse** les œufs et sépare les blancs des jaunes dans deux grands bols. Réserve les jaunes pour une autre recette. Ajoute une petite pincée de sel dans les blancs et monte-les en **neige** avec le fouet du batteur électrique. **Verse** peu à peu le sucre vanillé tout en continuant de fouetter. Verse ensuite le sucre en poudre et le sucre glace, sans jamais cesser de **fouetter**.

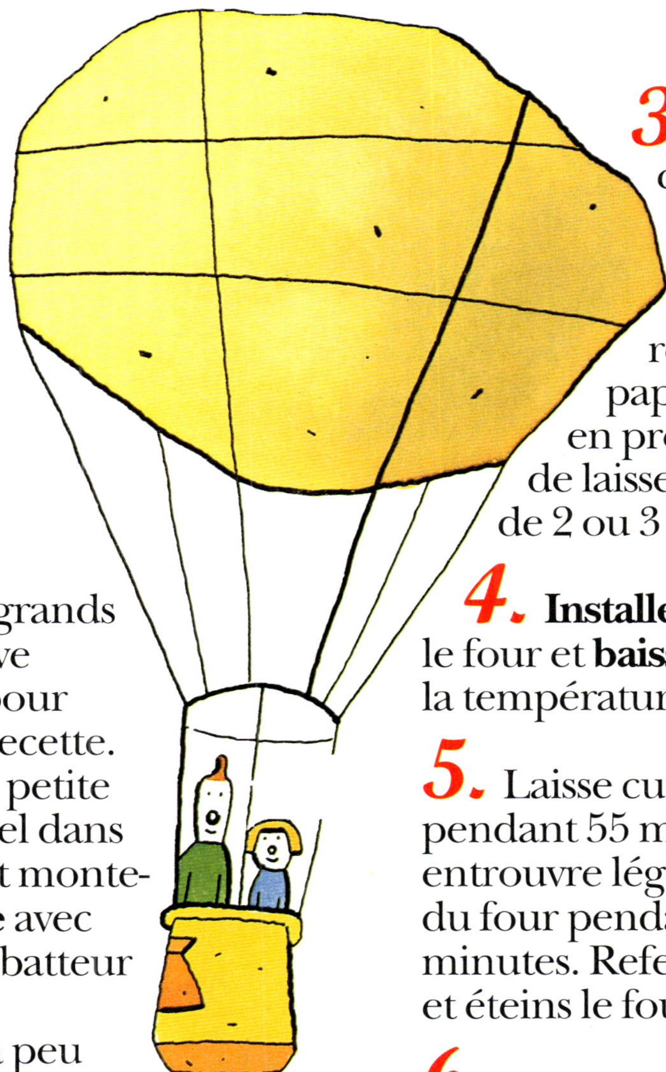

3. Avec une cuillère, **dépose** des petites boules de meringues sur la plaque recouverte de papier sulfurisé en prenant soin de laisser un espace de 2 ou 3 cm entre elles.

4. **Installe** la plaque dans le four et **baisse aussitôt** la température à 30 °C (th. 1).

5. Laisse cuire **doucement** pendant 55 minutes puis entrouvre légèrement la porte du four pendant quelques minutes. Referme alors la porte et éteins le four.

6. Laisse les meringues encore **1 heure** à l'intérieur du four. Elles vont ainsi devenir bien croustillantes.

Tu peux donner **toutes sortes de formes** à tes brioches en changeant de moules.

Temps de préparation

3 heures

Temps de cuisson

35 minutes

Ustensiles

1 bol
1 moule à brioche (ou un moule à cake)
1 robot

Pour 4 à 6 personnes, il te faut :

250 g de farine
140 g + 20 g de beurre
2 œufs moyens + 1 jaune d'œuf
5 cl de lait tiède
2 cuillères à soupe de sucre en poudre
5 g de levure de boulanger
1 cuillère à café d'eau de fleur d'oranger

Brioche

1. **Sors** le beurre du réfrigérateur au moins **30 minutes** avant de préparer la pâte à brioche. Découpe 140 g de beurre en dés.

2. **Mets** la levure et le lait tiède dans un petit bol et **laisse reposer** 10 minutes environ.

3. **Verse** la farine, la levure, les 2 œufs et le jaune, le sucre en poudre et l'eau de fleur d'oranger dans le bol de ton robot. **Pétris** d'abord la pâte à vitesse moyenne, puis ajoute les dés de beurre. Pétris encore, jusqu'à ce que le mélange soit parfaitement **lisse**. Tu peux aussi faire ce mélange à la main.

4. Forme une boule de pâte avec les mains et dépose-la dans un **endroit tiède** en la couvrant d'un torchon.

5. Laisse-la doucement **gonfler** environ 2 h. Elle doit doubler de volume !

6. **Travaille** de nouveau la pâte avec les mains quelques minutes.

7. **Beurre** soigneusement le moule et verse la pâte.

8. **Couvre** la pâte d'un linge et laisse reposer encore **45 minutes** dans un endroit tiède.

9. **Préchauffe** le four à 180-190 °C (th. 6-7) pendant 15 minutes.

10. Mets la brioche **au four** pendant environ 35 minutes.

11. 10 minutes avant la fin de la cuisson, **baisse légèrement** la chaleur du four. Ainsi, ta brioche prendra une belle couleur dorée et elle ne noircira pas.

12. Laisse **tiédir** la brioche avant de la démouler.

LE CONSEIL DU CHEF

La préparation de la brioche est un peu délicate. Il faut bien respecter les instructions et surtout ne pas ouvrir la porte du four pendant la cuisson !

Idée gourmande

Tu peux la savourer au petit déjeuner ou au goûter avec de la confiture, ou encore la creuser et la garnir de crème.

On offre les truffes à Noël, mais tu peux, bien sûr, en manger toute l'année.

Truffes au chocolat

Temps de préparation
30 minutes
+ 2 heures au frais

Ustensiles
2 saladiers
1 casserole à fond épais
1 assiette
1 plat

Pour 4 personnes, il te faut :
100 g de chocolat noir
2 cuillères à soupe de lait
50 g de sucre glace
50 g de beurre
1 œuf extra-frais
cacao en poudre

1. **Casse** le chocolat en petits morceaux dans une casserole à fond épais.

2. **Ajoute** le lait, le sucre glace et le beurre coupé en petits dés.

3. Fais **fondre à feu doux** tout en remuant avec une cuillère.
Une fois le mélange bien lisse, retire du feu et laisse tiédir.

4. **Casse** l'œuf et sépare le jaune du blanc.
Garde le blanc dans un saladier pour faire des meringues, et verse le jaune dans la casserole de chocolat. Mélange vivement à la cuillère.

5. Verse le mélange dans un saladier et laisse-le refroidir.
Puis place-le au réfrigérateur pendant **une heure** pour qu'il durcisse.

6. **Verse** 4 cuillères à soupe de cacao en poudre dans une assiette.

7. Pour faire les truffes, **prélève** une petite boule de pâte au chocolat de la taille d'une noix. **Roule** la pâte dans le creux de la main, puis passe-la rapidement dans le cacao.

8. Mets les truffes au chocolat sur un joli plat et laisse-les **une heure ou deux** au réfrigérateur avant de les servir.

Idée gourmande

Tu peux parfumer tes truffes avec de la noix de coco ou des noisettes pilées.

Petits rochers à la noix de coco

Temps de préparation

10 minutes

Temps de cuisson

5 minutes

Ustensiles

1 saladier
1 bol
1 plaque de four recouverte d'un papier sulfurisé

Pour 4 personnes, il te faut :

180 g de noix de coco râpée
150 g de sucre en poudre
2 œufs
1 pincée de sel

1. Sors la plaque du four et **préchauffe** le four à 210 °C (th. 7). Casse les œufs et sépare les blancs des jaunes. Mets les blancs dans un saladier et les jaunes dans un bol.

2. Mélange avec les doigts la noix de coco, le sucre et les blancs d'œufs. Garde les jaunes pour une autre recette.

3. **Forme** des petites boules et dépose-les sur la plaque du four. **Ne les serre pas trop** car elles risqueraient de coller entre elles à la cuisson. Puis donne-leur la forme de petits dômes.

4. Mets la plaque **au four** pendant 5 minutes.

5. Sors la plaque du four et laisse **refroidir** les petits rochers. Attends qu'ils soient froids pour te régaler.

LE CONSEIL DU CHEF

Tu peux parfumer tes rochers avec une demi-cuillère à café d'extrait de vanille.

Pour tes cocktails, choisis des verres hauts **et des pailles de couleurs vives,** assorties à la boisson.

Cocktails orange

Cocktail orange et citron au miel

Pour 4 personnes, il te faut :

1 litre de jus d'orange
4 cuillères à soupe de miel
1 sachet de sucre vanillé
le jus d'1/2 citron
quelques glaçons

1. Mets 2 glaçons dans  chaque verre.

2. Mélange le jus d'orange et le jus de citron, puis verse dans les verres.

3. Ajoute une cuillère à soupe de miel par verre.

4. Saupoudre d'un peu de sucre vanillé et mélange bien avant de servir.

Cocktail orange et abricot

Pour 4 personnes, il te faut :

1/2 litre de jus d'orange
1/2 litre de jus d'abricot
le jus d'1/2 citron
4 rondelles de citron
quelques glaçons

1. Mets 2 glaçons dans chaque verre.

2. Mélange le jus d'orange, le jus d'abricot et le jus de citron, puis verse dans les verres.

3. Pour **décorer** les verres, fais une petite fente dans chaque rondelle de citron et place-les sur le bord des verres.

Idée gourmande

Verse du sirop de grenadine ou de menthe dans une petite assiette, et du sucre en poudre ou de la noix de coco râpée dans une autre. Trempe le bord de tes verres dans le sirop, puis dans le sucre, et place les verres quelques minutes au congélateur.

Le milk-shake se boit glacé.
Place les verres quelques minutes au congélateur avant de les remplir.

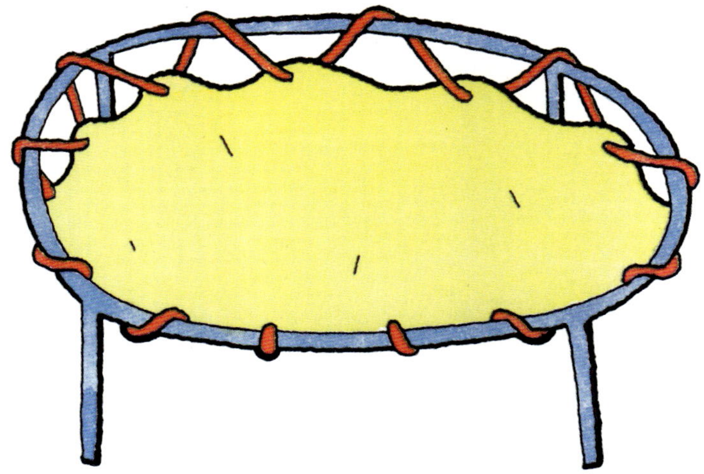

Milk-shake à l'ananas

Ustensiles
1 mixeur

Pour 4 personnes, il te faut :
1/2 litre de jus d'ananas
1/2 litre de lait
4 feuilles de menthe
quelques glaçons

1. **Verse** le jus d'ananas et le lait dans le bol de ton mixeur et **mixe** pendant quelques secondes.

2. **Verse** le mélange dans de grands verres, ajoute quelques glaçons et **dépose** une feuille de menthe à la surface du milk-shake.

Milk-shake

Milk-shake à la mangue

Ustensiles
1 mixeur

Pour 4 personnes, il te faut :
 1 mangue
2 oranges
(ou du jus d'orange)
1/2 litre d'eau
1/2 litre de lait
2 sachets de sucre vanillé
quelques glaçons

1. **Pèle** la mangue, coupe-la en quatre, ôte le cœur et **coupe-la** en gros dés.

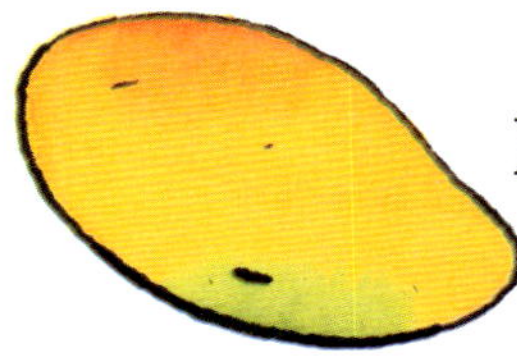

2. **Presse** les oranges.

3. **Verse** les dés de mangue, le jus d'orange, l'eau, le lait et le sucre vanillé dans le bol du mixeur. **Mixe** quelques instants, jusqu'à ce que le mélange devienne fluide.

4. Sers le milk-shake **bien froid**, dans de grands verres, avec quelques glaçons.

Milk-shake aux fraises

Ustensiles
1 mixeur
1 passoire

Pour 4 personnes, il te faut :
 500 g de fraises
75 cl de lait
2 sachets de sucre vanillé
quelques glaçons

1. Lave **rapidement** les fraises sous un filet d'eau fraîche, ôte les queues puis **égoutte-les**.

2. **Dépose-les** dans le bol du mixeur avec le sucre vanillé et mixe-les quelques secondes.

3. **Verse** le lait dans le bol et mixe encore quelques secondes.

4. Sers le milk-shake **bien froid**, dans de grands verres avec quelques glaçons.

Les menus d'ailleurs

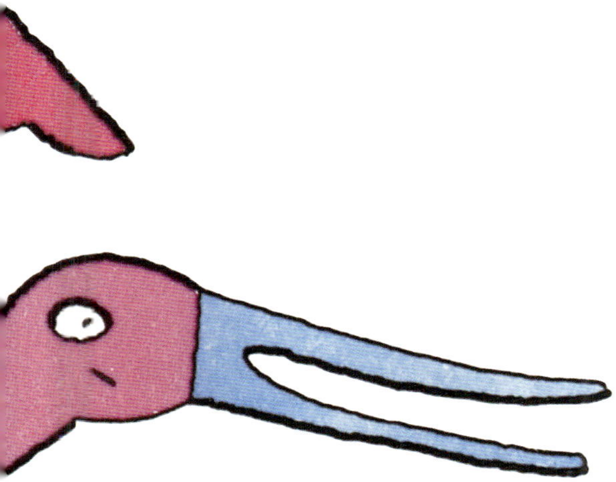

LES MENUS D'AILLEURS

Menu as

Autour d'un bol de riz, la cuisine

Porc à l'aigre-doux

Temps de préparation

15 minutes
À préparer
la veille.

Temps de cuisson

30 minutes

Ustensiles

1 grande terrine
1 plaque de four
film alimentaire

Pour 4 personnes, il te faut :

600 g d'échine
de porc découpé
en gros dés
10 cl de sauce
aigre-douce
asiatique
4 cuillères à soupe
de sauce soja
1/2 cuillère à café
de gingembre
frais râpé
3 gousses d'ail

1. La **veille**, mélange dans une grande terrine la sauce aigre-douce, la sauce soja, le gingembre râpé et les gousses d'ail écrasées. Puis dépose les morceaux de porc dans cette sauce et mélange bien. **Couvre** la terrine d'un film alimentaire et mets au frais pendant **une nuit**.

2. Le lendemain, sors la plaque du four et **préchauffe** le four à 180 °C (th. 6).

3. **Dépose** les morceaux de porc sur la plaque de four et mets à cuire pendant environ 30 minutes. **Retourne** la viande pour qu'elle puisse dorer de tous les côtés.

4. Sers le porc à l'aigre-doux **bien chaud** avec du riz nature ou du riz cantonais.

i a t i q u e

asiatique mélange le sucré et le salé.

Riz cantonais

Temps de préparation
30 minutes

Temps de cuisson
5 minutes

Ustensiles
2 casseroles
2 poêles
1 bol
1 passoire

Pour 4 personnes, il te faut :
1 tranche épaisse de jambon
2 verres de riz
100 g de petites crevettes cuites
2 carottes
100 g de petits pois cuits
4 œufs
2 oignons hachés
huile
sel, poivre, sauce soja

1. Fais cuire le riz en **suivant les instructions** de ton paquet.

2. **Épluche** les carottes, lave-les et **découpe-les** en petits dés.

3. **Fais bouillir** une casserole d'eau salée.

4. **Fais cuire** les dés de carotte pendant 3 minutes. Puis égoutte-les.

5. **Casse** les œufs dans le bol, ajoute une petite pincée de sel et fouette-les avec une fourchette. Fais chauffer une cuillère à soupe d'huile dans une poêle et verse les œufs. Laisse cuire l'omelette à feu moyen. Puis ôte-la de la poêle et **découpe-la** en lanières.

6. **Découpe** le rôti de porc ou le jambon en petits dés.

7. Fais chauffer une cuillère à soupe d'huile dans une grande poêle et **verse** les oignons hachés. Laisse-les **dorer** à feu moyen. Ne les fais pas brûler !

8. Puis **ajoute** le riz et les crevettes décortiquées. Mélange et laisse chauffer quelques minutes.

9. Ôte la poêle du feu, ajoute les petits pois, les carottes, les dés de rôti de porc (ou le jambon) et les lanières d'omelette. **Mélange** avec une cuillère, **arrose** de sauce soja, poivre, et sers aussitôt.

Idée gourmande

Pour donner plus de goût à tes plats chinois, sers-les avec la sauce soja.

Menu
cuisine des îles dégage

Poulet coco

Temps de préparation
15 minutes

Temps de cuisson
40 minutes

Ustensiles
1 grande cocotte

Pour 4 personnes, il te faut :

 1 poulet découpé en morceaux
1 oignon haché
1 gousse d'ail hachée
1 petit morceau de gingembre frais râpé
1 verre de bouillon de volaille
1 verre de lait de coco
huile
 sel, poivre

1. **Sale** et **poivre** les morceaux de poulet.

2. Fais **chauffer** une cuillère à soupe d'huile dans la cocotte et verse l'oignon haché avec l'ail et le gingembre. Fais-les **dorer** 2 ou 3 minutes.

3. Verse les morceaux de poulet dans la cocotte. **Retourne-les** plusieurs fois pour qu'ils dorent bien sur tous les côtés.

4. **Verse** maintenant le bouillon, couvre la cocotte et fais cuire **à feu doux** pendant 20 minutes environ.

5. **Ajoute** alors le lait de coco, mélange avec une cuillère et laisse cuire encore 10 minutes.

Idée gourmande
Tu peux servir ton poulet coco avec des épinards frais.

LE CONSEIL DU CHEF
Fais bien attention de choisir du lait de coco non sucré.

des îles
une bonne odeur d'épices.

Riz au safran

Temps de préparation
5 minutes

Temps de cuisson
20 minutes

Ustensiles
2 casseroles dont 1 à fond épais

Pour 4 personnes, il te faut :
400 g de riz
2 filaments de safran (ou une petite pincée de safran en poudre)
60 cl de bouillon de volaille
20 g de beurre
1 cuillère à soupe d'huile

1. Dans une casserole, fais chauffer le bouillon de volaille, **ajoute** le safran et retire du feu.
2. Fais **chauffer** l'huile et le beurre dans la casserole à fond épais.
3. **Verse** le riz, **mélange** bien avec une cuillère pour enrober les grains de matière grasse.
4. **Verse** ensuite doucement le bouillon et le safran, couvre la casserole et laisse cuire **à feu doux** jusqu'à ce qu'il n'y ait plus d'eau dans la casserole. Le temps de cuisson total dépend du riz. **Suis les indications** du paquet.
5. **Ôte** les filaments de safran du riz avant de servir.

M

En Grèce, le yaourt et la feta

Temps de préparation
15 minutes
+ 1 heure au frais

Pas de cuisson

Ustensiles
1 râpe
1 saladier
film alimentaire
1 torchon propre

Pour 4 personnes, il te faut :
1 concombre
3 yaourts à la grecque
1 gousse d'ail
aneth ou persil
huile d'olive
sel, poivre

Concombre au yaourt

1. **Épluche** le concombre, rince-le et essuie-le.

2. **Râpe** le concombre.

3. **Essore-le** bien dans un torchon pour ôter l'excédent d'eau.

4. **Mélange** dans un saladier le concombre haché avec le yaourt, l'ail haché si tu aimes, et 2 cuillères à café d'aneth hachée (ou de persil).

5. Ajoute 2 cuillères à soupe d'huile d'olive, une pincée de sel et de poivre. **Mélange** bien, couvre d'un film alimentaire et mets au frais pendant **1 heure**.

Idée gourmande
Tu peux faire la recette avec des carottes râpées.

enu grec

accompagnent les salades de l'été.

Brick à la feta

Temps de préparation

15 minutes

Temps de cuisson

12 minutes

Ustensiles

1 plaque du four recouverte d'un papier sulfurisé
1 saladier

Pour 4 personnes, il te faut :

200 g de feta
125 g de gruyère râpé
8 feuilles de brick
2 œufs
quelques feuilles de menthe fraîche
sel, poivre

1. Sors la plaque du four et **préchauffe** le four à 180 °C (th. 6).

2. **Lave** les feuilles de menthe, essuie-les et coupe-les finement.

3. **Émiette** la feta et verse-la dans un saladier.

4. **Ajoute** le fromage râpé, la menthe et les deux œufs. **Sale**, **poivre** et mélange bien le tout.

5. Passe un linge humide sur une feuille de brick, **étale-la** et mets au milieu le mélange à la feta. **Plie** les deux côtés vers l'intérieur et roule la feuille de brick sur elle-même. Recommence la même opération avec les autres feuilles de brick.

6. **Dépose** les bricks sur la plaque du four et laisse-les cuire environ 12 minutes.

7. Sers-les **chaudes** ou **tièdes**.

Salade d'oranges

Temps de préparation

20 minutes

+ 1 heure au frais

Pas de cuisson

Pour 4 personnes, il te faut :

- 8 oranges
- 4 cuillères à soupe de sucre en poudre
- 1 cuillère à café de cannelle en poudre
- 1 cuillère à soupe d'eau de fleur d'oranger

1. **Pèle** les oranges en retirant **soigneusement** la peau blanche.

2. **Découpe-les** en tranches en gardant le jus. Place-les dans un grand plat.

LE CONSEIL DU CHEF

Pour un plus bel effet, utilise des oranges sanguines. Elles donneront des couleurs à ta recette !

3. **Mélange** le jus d'orange, l'eau de fleur d'oranger et le sucre et verse ce liquide sur les oranges. Saupoudre ensuite de cannelle en poudre.

4. Mets le plat au frais pendant **1 heure** avant de servir.

Idée gourmande

Tu peux remplacer l'eau de fleur d'oranger par de l'eau de rose.

ue du Nord

est une cuisine très parfumée.

Tajine

Temps de préparation
15 minutes

Temps de cuisson
75 minutes

Ustensiles
1 plat à tajine ou
1 cocotte
1 poêle

Pour 4 personnes, il te faut :
1 kg de viande d'agneau en dés
120 g d'amandes pelées
12 abricots frais
1 petit bouquet de coriandre
2 oignons
2 gousses d'ail
sucre en poudre
cumin en poudre
gingembre en poudre
20 g de beurre
huile,

sel,
poivre

1. **Lave** la coriandre, essuie-la et hache-la avec un couteau.

2. **Verse** dans la cocotte 4 cuillères à soupe d'huile et mets à dorer l'ail et les oignons hachés. Puis verse un demi-verre d'eau, l'agneau coupé **en gros dés**, la coriandre hachée, une cuillère à café de cumin et une cuillère à café de gingembre en poudre. Sale et poivre.

3. **Couvre** la cocotte et laisse cuire **à feu doux** pendant 40 minutes.

4. Pendant ce temps, **lave** les abricots, essuie-les, **coupe-les** en deux et ôte les noyaux.

5. Fais **chauffer** le beurre dans une poêle et ajoute les demi-abricots. **Saupoudre-les** de 2 cuillères à soupe de sucre en poudre et laisse doucement les abricots prendre une jolie couleur caramel.

6. **Ajoute** les abricots et les amandes dans la cocotte, **couvre** de nouveau et laisse cuire encore 30 minutes.

LE CONSEIL DU CHEF

Tu peux remplacer les abricots frais par des abricots secs à mi-cuisson.

Desserts

Les plus célèbres biscuits

Temps de préparation

20 minutes
+ 2 heures au frais

Temps de cuisson

40 minutes

Ustensiles

1 moule rond à bord haut
1 verre
1 fouet
3 saladiers
1 bol
1 planche
1 spatule

Pour 4 personnes, il te faut :

200 g de biscuits au gingembre
500 g de fromage blanc frais
20 cl de crème fraîche
160 g de sucre en poudre
2 sachets de sucre vanillé
3 œufs
60 g + 20 g de beurre
1 pincée de sel

Cheesecake

1. **Découpe** 60 g de beurre en petits dés dans un saladier et laisse-les ramollir.

2. **Préchauffe** le four à 150 °C (th. 5). Beurre les parois et le fond du moule.

3. **Écrase** les biscuits sur une planche avec un verre, puis mélange-les bien avec les dés de beurre.

4. Dépose le mélange dans le fond de ton moule et **appuie** bien avec les mains pour le repartir.

5. **Casse** les œufs. Mets les jaunes et les blancs dans 2 saladiers différents.

6. **Fouette** les jaunes d'œufs, le fromage blanc, la crème fraîche, le sucre en poudre et le sucre vanillé. Ajoute une pincée de sel.

7. Bats les blancs d'œufs en neige et **incorpore-les** délicatement au fromage blanc avec une spatule. **Verse** le mélange crémeux dans le moule et mets au four pendant 40 minutes environ.

8. Laisse **refroidir** le cheesecake à la sortie du four puis mets-le au réfrigérateur pendant **2 heures**.

9. Sers-le **très frais**.

américains

américains sont les cookies.

Cookies au chocolat

Temps de préparation

20 minutes

Temps de cuisson

10 minutes

Ustensiles

1 petite casserole à fond épais
1 épluche-légumes
2 saladiers
1 plaque du four
papier sulfurisé

Pour 4 à 6 personnes, il te faut :

1 œuf
100 g de farine
80 g de sucre en poudre
50 g de poudre d'amandes
200 g de chocolat noir
120 g de beurre
1/2 sachet de levure

1. Sors la plaque du four et **préchauffe** le four à 200 °C (th. 6-7).

2. Avec le couteau éplucheur, **râpe** la tablette de chocolat au-dessus d'un saladier.

3. **Découpe** le beurre en petits dés et dépose-le dans la petite casserole.

4. Fais **doucement fondre** le beurre, puis ôte aussitôt la casserole du feu.

5. **Ajoute** le sucre en poudre dans la casserole et mélange. Beure et sucre vont se transformer en un mélange **mousseux**.

6. **Mélange** la farine et la levure dans un autre saladier. Puis ajoute le mélange de la casserole en deux ou trois fois. **Ajoute** l'œuf, le chocolat râpé et la poudre d'amandes. Remue bien le tout.

7. **Forme** de petites boules de pâte, dépose-les sur la plaque du four couverte du papier sulfurisé et **aplatis-les** en petits disques un peu épais.

8. Mets au four pendant environ 10 minutes. Laisse les cookies **refroidir** avant de les déguster avec tes amis.

LE CONSEIL DU CHEF

Surveille bien la cuisson de tes cookies. Trop cuits d'une minute ou deux, ils seraient trop durs.

Idée gourmande

Tu peux remplacer la poudre d'amandes par des noix hachées.

Index

Conception graphique : Anne Delalandre

Directrice de la publication : Dominique Korach

Directrice éditoriale : Françoise Vibert-Guigue

Responsable éditoriale : Brigitte Bouhet

Lecture-correction : Michèle Lancina, Jacqueline Peragallo

Directeur artistique : Frank Sérac

Fabrication : Jacques Lannoy

21, rue du Montparnasse
75006 Paris

Dépôt légal : novembre 2003

Imprimé en : Italie

ISBN : 203555018-0

N° d'éditeur 10108879

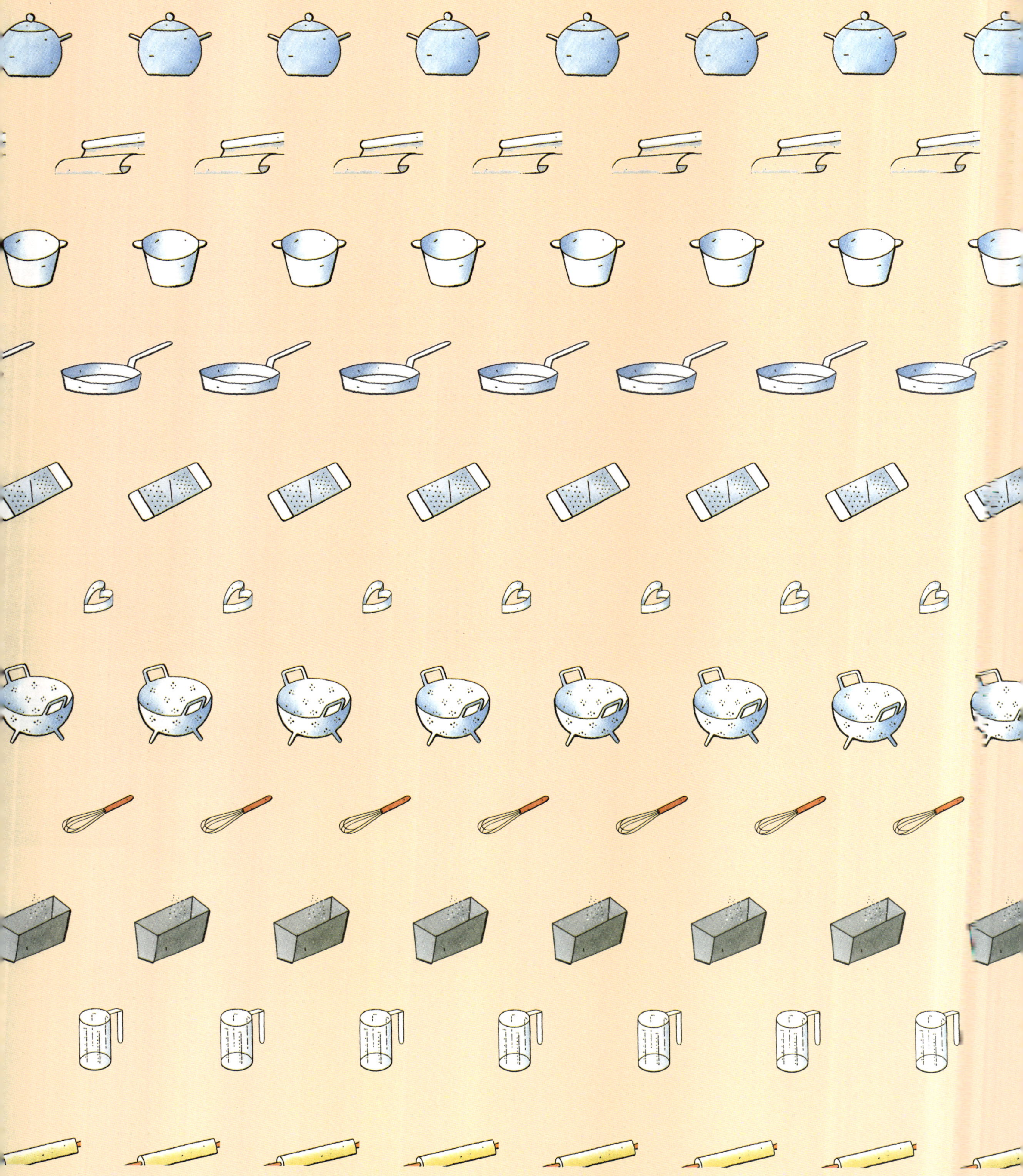